家长好脾气，才有好教育

C妈 杨南南 著

中国妇女出版社

图书在版编目（CIP）数据

家长好脾气，才有好教育 / C妈杨南南著. -- 北京：中国妇女出版社，2021.4（2021.5重印）
ISBN 978-7-5127-1941-5

Ⅰ.①家… Ⅱ.①C… Ⅲ.①儿童教育－家庭教育 Ⅳ.①G782

中国版本图书馆CIP数据核字（2020）第271272号

家长好脾气，才有好教育

作　　者：C妈杨南南　著
责任编辑：赵　曼
封面设计：主语设计
责任印制：王卫东
出版发行：中国妇女出版社
地　　址：北京市东城区史家胡同甲24号　　邮政编码：100010
电　　话：（010）65133160（发行部）　　65133161（邮购）
网　　址：www.womenbooks.cn
法律顾问：北京市道可特律师事务所
经　　销：各地新华书店
印　　刷：天津旭丰源印刷有限公司
开　　本：145×210　1/32
印　　张：8
字　　数：200千字
版　　次：2021年4月第1版
印　　次：2021年5月第2次
书　　号：ISBN 978-7-5127-1941-5
定　　价：49.80元

目 录

第一章 >>
你可以学会停止向孩子发脾气

当情绪游走在崩溃的边缘，你拿孩子撒过气吗 / 002

为什么你总忍不住对孩子发脾气 / 008

脾气上来又控制不住该怎么办 / 013

如何跳出一次又一次对孩子发脾气的死循环 / 019

孩子让人抓狂的行为背后，是你不了解的脑回路 / 026

叛逆期，千万别用成人的逻辑理解孩子的行为 / 032

第二章 >>
不打不骂——不伤筋不动骨，包治各种撒泼耍赖

孩子总是大哭大闹，分分钟被气出内伤 / 040

崩溃的父母，千万不要张嘴就只会“别哭了！” / 051

在公共场合，无理取闹该如何收场 / 057

对付打人、咬人、踢人的娃，这样做才是釜底抽薪 / 063

解锁“戏精”新技能，专治孩子不刷牙、不洗手 / 069

第三章 >>
不吼不叫——这样跟孩子定规矩，孩子最不会抵触

为什么你给娃立规矩总失败 / 076

跟孩子说“不”，才是这世上最深的套路 / 082

如何既能利用好电子设备这类工具，又能教娃守规矩 / 088

为什么约定的事，孩子总要跟你磨一磨 / 094

父母这样立规矩，温和又有效 / 099

第四章 >>
不恼不怒——父母这样做，孩子自律又独立

孩子磨蹭，为什么越着急越不能催 / 106

懒散是孩子的天性，父母需要培养孩子自律的能力 / 112

不用催、不用逼，如何让孩子自主学习 / 118

孩子听话不是真正的自律 / 123

过度干预，所以你总是在替孩子收拾烂摊子 / 130

让孩子承担犯错的后果，比说一万遍道理更管用 / 135

第五章 >>
不焦不躁——培养孩子的社交能力

为什么你家孩子窝里横、外面怂 / 142

孩子太老实太怂，如何不被当“软柿子”欺负 / 147

当孩子沦为“小透明”，被排挤，父母该怎么办 / 153

孩子的东西被抢，是生气还是忍让 / 160
一味远离和逃跑，只会成为欺凌的对象 / 166
同龄人之间的欺凌，最重要的是教孩子自己学会反抗 / 172
在力量悬殊的社交争端中，妈妈如何正确地插手 / 177

第六章 >>
如何做足够好的父母

为什么孩子总是“玻璃心”，只能表扬不能批评 / 184
孩子发脾气后的沟通和复盘，才是教育的终点 / 191
如果说实话总会被大吼大叫，孩子就开始说谎 / 198
父母的责备式关心，是以爱的名义去伤害孩子 / 205
被父母否定打击的孩子，即使再优秀也会自卑 / 212
父母会说话，才是帮孩子超越阶层的捷径 / 219
父母养育孩子的方式，决定着他离欺凌和性侵有多远 / 225
当父母教养方式不一致，千万不要在孩子面前争辩出个对错 / 231
心智健全的孩子，是经历过悲伤后有自我恢复的能力 / 237
父母最大的智慧是培养孩子幸福的能力 / 243

第一章

你可以学会停止向孩子发脾气

孩子的脾气说来就来，完全不给我们思考招数的机会，什么“共情”“安慰”“认识情绪”等，在孩子杀伤力十足的咆哮中全忘得一干二净。最后还是忍不住使出了自己的自带技能“狮吼功”和“降龙十八掌”。但这两种武功皆属于伤敌一千、自损八百的招式，家长用完之后，虽然暂时牵制住了孩子，但自身也往往有心尖疼、情绪萎靡低落等症状。

当情绪游走在崩溃的边缘，你拿孩子撒过气吗

有妈妈曾给我发来这样一条视频：在短短45秒的视频中，三岁小女孩被妈妈疯狂扇耳光，手部、背部、胸部无一处幸免，小女孩N次被击倒，一次次站起来又一次次被打趴下。

视频中你不仅能听到哭声、骂声，还能听到很响亮的巴掌声，隔着屏幕都感觉到了疼。

视频引发了网友的热议和声讨，随着事情的发酵，当地民政局介入调查：据该女子介绍，打女儿是因其不好好吃饭，而发布掌掴视频是为刺激丈夫回家。有报道称，孩子爸爸常年在外务工不回家，妈妈独自带娃，身体和精神压力过大，才做出了这样极端的行为。无论什么原因，这样家暴式的打孩子肯定都是一百个不对。

我能理解女孩母亲的心酸与苦楚，尤其是在C爸下乡的那段时间，我独自带娃也有过多次的崩溃和歇斯底里。因此，很多时候，

孩子不过是一个导火索，甚至直接沦为了“出气筒”。妈妈爆发是因为自己的气没处撒，又或者完全就是在撒给别人看！这背后所隐藏的，往往是没人管、不理解、不支持、误解、冤枉……

所以，当情绪游走在崩溃的边缘，忍不住想拿眼前的孩子撒气时，该怎么办?

三个问题带你走出“泥潭”。

1.我为什么生气

没有一次怒气是莫名其妙的，细想它都有原因。所以这个问题一定要问自己，也要回答自己——内心深处真正让你爆发的那个原因！如果不正视这个问题，一旦心里不痛快，就冲孩子一顿发火，那真的就是无理取闹、无可救药了。

拿CC抢玩具的例子来说，因为意识到我自己的问题之后，这样的情况几乎就没再出现了。如果当时我能够静下心来思考我是为什么生气，或许就不会出现强硬地掰开CC的手指拿出玩具，也就不会出现后边的大喊大叫。我是真的因为CC抢小朋友玩具而生气吗？不是！我是因为警告她之后她仍然不听我的话，而旁边的妈妈等着看我如何处理，甚至还有很多画外音：“嚯，这孩子脾气可真大！”这种外人面前管教无力的羞愧，让我觉得颜面尽失，足以让我掰开她的手指，逃离现场。

说到底，我并没有为CC，也没有为对方小朋友着想，我是为了我自己下不来台的面子。如果当时我意识到这一点，放下自己的脸面重新处理问题的话，我会首先向对方小朋友和家长表示歉意，也为CC争取一点还回玩具的时间，比如拿自己的玩具给对方玩，先解决眼下的僵持，再跟CC好好沟通。真想处理的话，解决问题并不难。

2.生气是因为孩子吗

这个问题很简单，也很重要，直接决定着后边要如何处理。

就两个选项。

是——看A；

不是——看B。

A.我除了吼他、打他，还可以怎么做?

如果你的答案跳到了这里，那么恭喜，你进入了一个很大的命题，那就是孩子犯错、不听话，父母想发火或已经发火怎么办?

虽然我们总是强调父母心境平和对养育孩子的重要性，但即便当了父母，我们首先也是个人啊。让我们只能有喜不能有怒，只能温柔坚定不能发火发怒，那为人父母一场，也太憋屈了吧。关键是没几个人能做到啊！所以说，学习“发火的正确打开方式”很重要！

B.不是因为孩子，就不能拿孩子撒气，又该怎么办?

(1) 找当事人

其实很多妈妈拿娃撒气，都曾有过开篇那位妈妈的心理——发布掌掴女儿视频是为刺激丈夫回家。有时候我们是撒气给别人看的。尤其是当我们的辛苦不被理解、不被分担时，自己说自己累显得矫情，那么就会用“自己累到情绪崩溃的状态”告诉我们想告诉的人：孩子很难带，我很累。

C爸刚下乡的时候，我没少在公号里发牢骚。头一周特别不顺，差点被逼疯。本来家里的带娃强将突然“离岗”，就让我措手不及，结果CC和DD还轮番出状况。最后我在辅导CC写作业但她一直拖延，我无法顺利哄睡DD的时候终于爆发了！

大半夜我就给C爸打过去了电话，劈头盖脸就是一顿崩溃式发泄。真的是“你没机会（亲眼）见我崩溃，我也要创造机会（远程）让你见我崩溃”。其实说白了，我就是不愿意C爸下乡，就是嫌他不能和我一起照顾孩子，就是想让他知道，我多辛苦。

后来经过C爸的远程开解并主动提供解决办法（周末他带娃、我休息，工作日远程给CC辅导作业、读故事），让我感觉自己不是一个人在战斗，我的情绪便很快好转了，几分钟后我又是那个“无所不能的妈”，继续辅导老大作业和哄睡老二。

所以，去找当事人，这是非常直接的一个方法，无论你生气的对象是谁，什么原因，和对方敞开了说，好好沟通，哪怕是把气撒给他，也比撒给孩子强。

（2）给自己换个空间

这也是我屡试不爽的一个方法，尤其是第一条操作不了时。

有条件的话最好是出门，跳出眼前这个剑拔弩张的空间，扔个垃圾、楼下走几圈，回来情绪立马就舒缓开了。出不了门，被俩娃逼疯的时候，我就躲去厕所，坐在马桶上看会儿小视频、刷会儿微博，或者随便干点啥。十来分钟之后，心情好些了，出了厕所这道门，我又能待我儿如初恋了。当你从之前那摊泥里抽离出来后，你会发现，泥还是那摊泥，但你不再被它辖制。

还是那句话，这些方法虽然不能从本质上解决问题，但却可以缓解游走在崩溃边缘的情绪，不至于在爆发的瞬间殃及孩子，也不至于事后后悔。

（3）向孩子说明情况

很多时候，孩子之所以被殃及是因为正好撞在枪口上。本来妈妈心情就不好，孩子还故意犯错、捣乱、不依不饶等，挨打挨骂那不是“天堂有路你不走，地狱无门你闯进来”嘛！

其实为了避免这一步的发生，我们可以先出手。比如先告诉孩子你遇到了什么事情，现在的心情是怎样的，你希望他能如何配合和帮助你。不要总觉得他是个小孩，孩子虽然小，但他们的情绪感知力远比我们想象中要强大得多。

有时候我工作多或遇到困难，可能回家后带CC一起玩的兴致就没那么高。我就会坦白说：“今天妈妈很累，心情有点不好，不想陪你玩积木，也不想读很多绘本。”她就会跟我说：“那我今天一定自己收玩具，不惹你生气；睡前故事讲一本就可以啦，明天心情好再多讲几本。”甚至在她还不到两岁时，我因为某件事被气哭了，她竟然用小手来帮我擦眼泪，还站起来抱住我。虽然不会说太多，但她能感受到我的情绪，知道安慰和帮助我。

正确地谈论情绪（非抱怨），并不会将负面情绪传递给孩子，反而是在告诉他生气、难过都是很正常的，人人都会有，与此同时也教会了他如何面对负面情绪，以及如何理解他人。

没有一位母亲是容易的，每个人养育孩子都会遇到崩溃的时候，但这并不能成为我们拿孩子撒气的理由。如果我们不去复盘、不去反思，那么下次永远不会有任何改变，我们还是会陷入“情绪来了—忍不住了—拿孩子撒气—撒完后悔”的魔圈。只有在一次次反省和复盘中去察觉自己的问题，下一次才能有所缓解。跟着我一起试一试这些方法，你会发现，冲孩子发脾气的次数至少可以减半。

为什么你总忍不住对孩子发脾气

孩子做什么事的时候，最令你烦躁？

当他不听我话时，我就会非常生气。当他大哭大闹时，我就会忍不住对他吼。当他哭得歇斯底里、软硬不吃，怎么都哄不好的时候，我就想揍他。

当父母这么久，你有没有情绪失控过？

孩子为什么哭？这世上没有无缘无故啼哭的孩子。你认为孩子哭得毫无预兆、毫无理由，有的时候只是因为你不了解孩子的内心而已。

一岁的孩子闹，家长认为他在和自己作对，或者认为他是在要挟自己。其实，孩子只是遇到了完全陌生的情绪，不会表达而已。两岁的孩子闹，因为他既渴望独立做事，又因为能力有限做不好，导致情绪焦虑。三到五岁的孩子，常被说成不虚心、逞能、不让大人教，或者“玻璃心”，无论多么鸡毛蒜皮的事都会大哭，甚至因为自己不能像蝴蝶一样有一对会飞的翅膀这种事也要哭！

但研究发现，三至五岁的幼儿，通常倾向于高估自己的能力，他们常觉得自己似乎什么都能胜任。而这个心理特点，恰恰是为了让他们有学东西的自信。

如果你的孩子软硬不吃、久哄不下，也许是你没有真正了解孩子的心理，用错了方式。

你在用粗暴的方式制止哭泣吗？

无声的拥抱真的比任何哄劝或恐吓都管用。当你温暖的怀抱能给予他强大的爱和力量时，这就是最好的安慰方式。可悲哀的是，我们通常对孩子哭泣感到厌烦和抗拒。很多家长哄劝无效后，就会用恐吓和粗暴的方式来制止孩子的哭泣：

“别哭了，再哭我就不要你了。”

“你再哭就没人跟你玩了。”

“总是爱哭的小孩，没人喜欢。”

曾经在一篇吐槽爸爸的文章里，有个妈妈非常生气地跟我说，有一次孩子半夜做了噩梦大哭，她的老公为了不再让孩子哭，竟然直接用手捂住了孩子的嘴巴！这迷糊中真实的举动让人愤怒、震惊，却也说明了一个问题：比起想知道孩子为什么哭，很多人只想简单粗暴地让孩子停止哭。

但孩子哭的原因其实很简单，无非是困了、饿了、累了、不高兴了……也许家长懂，只是他们懒得安抚，懒得去了解孩子的感受，只要表面平静了就好。

很多时候，明明可以抱抱孩子微笑着对孩子说没关系，却偏偏要嘶吼，结果令两个人都不开心。

粗暴地制止孩子哭泣确实容易，但看到他闭紧双唇拼命抑制哭泣时，你于心何忍？发泄完情绪之后，你的愧疚不安又有何用？

尹建莉老师说：人在做出一个行为时，瞬间就能把结果判断出来。如果你总在孩子面前发脾气，因为你心里早已清楚，你打骂孩子一顿，既能解气，他又不能把你怎么样。你在孩子面前是权威，是主人，你不用担心打人的后果，所以你才总是“忍不住”。

一个成年人想要征服一个孩子还不容易吗？但让孩子怕你，臣服于你，真的是你想要的吗？

当你失控时，真正愤怒的是什么？

可能会有很多答案：

“孩子太难管教了。”

“小小年纪就打人，不管以后还得了。”

“他就会哭，我不知道他到底哪里出问题了。”

但是归根结底，你是在气恼自己。

当孩子大哭大闹而你无法解决时，潜意识里你会觉得是自己无能：“我没有管教好她”，把她的所有行为都归咎到自己的问题上。我们生气的根源就是，作为父母，我们觉得要对孩子的一切行为负责，如果孩子没有按照预想的结果发展，那就说明我们不是称职的父母。

想做理智的父母，我们首先需要分清，到底什么才是我们真正该负责的部分。我们不需要对“孩子不听话”负责，但我们需要对

“应对孩子不听话时自己如何表现”负责。

听起来像绕口令？看看具体怎么做。

没有人能在屎尿屁奶的哭叫声中永远做到宠辱不惊。我们能做的就是修炼更好的自己，妈妈强大了，孩子才优秀。

1. 做好心理预设

首先要有一个心理预设：孩子长大了，他自然会有情绪起伏，既会有欢喜的正面情绪，也会有愤怒的负面情绪。首先要允许孩子存在负面情绪，我们才能帮他学习控制情绪。

当一个孩子认知上觉得自己已经可以独立、可以无所不能，但能力上却还有差距时，他一定会沮丧，一定会发脾气。如果你的孩子恰巧特别有主见，那他表现的形式就会更加极端。而我们的职责就是尽量保持平静，帮助他度过“理想和现实还有落差”的这段时期。

2. 厘清不需要你负责的事

当我们想对不受控制的事情负责时，我们难免会沮丧，因沮丧而焦虑，因焦虑而愤怒。

但孩子是一个独立的个体，他想发火、想宣泄情绪，都是他自己的事。这个不在我们可以控制的范围。不对孩子的情绪失控负责，在孩子情绪失控时，我们需要负责的是自己的情绪。

你可以负责保持冷静，负责温柔地安抚，负责告诉孩子他可以告诉妈妈到底为什么哭，妈妈可以帮他一起解决，而不是一味地哭。即便他什么都不想说，你还可以负责给他一个温暖的拥抱。即便是成年人，偶尔也有就是想哭一哭的时候啊。

换句话说，别时时刻刻地想着把孩子打造成一个正能量孩子，而是在孩子负面情绪爆发的时候学着控制自己的反应。咱一时半会儿练不到“泰山崩于眼前，我自岿然不动”的境界，至少能试着做到不火上浇油、雪上加霜吧。

3.准备好你的“暂停键”

很多时候，情绪爆发就是一瞬间的事情，冷静下来想想，就会觉得没那么严重。因此，要时刻注意自己的情绪，当发现情绪不断累积到快要爆发时，深呼吸，和自己对话：

“我的孩子到底怎么了？”

“我发火真的可以解决问题吗？”

“这个真的很重要吗？”

或是去厕所冷静两分钟，听会儿音乐，刷会儿微博，出来之后，也许你就能看你儿如初恋了。

选择对你有用的“暂停键”，帮你找回身体里那个理智的自己，而不是被情绪绑架的自己。

“每个孩子都是天使”，他们的到来是帮助我们克服人性中软弱和丑陋的一面。如果没有孩子，你或许没机会深刻地厘清自己的情绪，也不会如此深刻地明白，为人父母，归根结底是自己的一场修行。不是生了孩子就会做父母，做父母需要学习，需要学会如何正确地爱孩子。一个教妈妈的道理，胜过十个教孩子的道理。

脾气上来又控制不住该怎么办

我们看过那么多的育儿文章，学习了那么多教育子女的方法后，可谓是十八般武艺傍身，没啥好怕的！但真到了“真刀真枪”的时候，才发现自己那些只不过是“花拳绣腿”，完全招架不住孩子排山倒海般的脾气。所谓“天下武功，唯快不破”。孩子的脾气说来就来，完全不给我们思考招数的机会，什么“共情”“安慰”“认识情绪”等，在孩子杀伤力十足的咆哮中全忘得一干二净。最后还是忍不住使出了自己的自带技能“狮吼功”和“降龙十八掌”。但这两种武功皆属于伤敌一千、自损八百的招式，家长用完之后，虽然暂时牵制住了孩子，但自身也往往有心尖疼、情绪萎靡低落等症状。而且长久看来，效果虽立竿见影，但留在孩子心中的伤害亦是永久性的。

演员陈乔恩在参加某综艺节目时说，自己小时候经常被妈妈打。一件小事做不好，就会招来妈妈的打骂，这给她的人生留下了很深的心理阴影。这也导致了母女俩之间存在很深的隔阂，即使双方都深爱着彼此，但那种母女间的亲昵感却怎么也找不回来了。

美国心理学家马歇尔·卢森堡曾说，当我们的语言和表达方式倾向于忽视人的感受和需要，以致彼此的疏远和伤害时，这种沟通方式会让人难以体会到心中的爱。

但很无奈的是，即使明知打骂不好，即使事后后悔，对被打骂而变得乖巧的小孩心疼得不行，我们还是会陷入下次还会这样的恶性循环。

怎么破？我这儿有一锦囊妙计，保证药到病除。

我们常说，千万不要在情绪激动的情况下说伤人的话。同样，也不要在孩子情绪激动的情况下，讲什么动人的道理。但事发突然，情绪爆发，我控制不住自己怎么办？此时，如果你非要说，先问一句“为什么”。“为什么”背后的原因，也许是你对孩子的误会！

没有哪个孩子会无缘无故地只想气你，发脾气只是他们的一种沟通方式。可能不听话的行为背后，就隐藏着我们不知道的真实原因：

当孩子抢夺其他小朋友手中的玩具时，你批评孩子没规矩，但孩子可能正处在自我敏感期，认为“我想玩玩具，玩具就是我的”；

当孩子在你繁忙时突然缠着你，你批评孩子捣乱，但孩子可能只是想要爸爸妈妈陪，寻求安全感；

当孩子闹着不肯去幼儿园时，你批评孩子任性，但孩子可能是因为在幼儿园发生了不太愉快的事情，不知道怎么面对。

我们都不喜欢不分青红皂白地被指责，孩子当然也一样。没有询问原因的批评是最大的不公平！而多问一句为什么，就可以多了解孩子一些，了解孩子行为背后的那些原因。

养孩子，请你务必相信一句——事出有因！

每一个不听话的孩子背后，都有着各种各样的原因。想要孩子听话，我们需要先弄清孩子不听话的原因。很多妈妈说，我问了呀，根本没用，孩子有一堆借口！越问越气！但是，妈妈不如先扪心自问一句：你是真的想要倾听、给予帮助地问，还是为了否定孩子而问？

就说CC游泳吧。面对娃不想学游泳，很多妈妈也问原因，且看她们如何问的：

妈妈：为什么不想学？

孩子：太难了！

妈妈：这有什么难的，学什么不难，有什么是不难就能学会的？想当年……（此处略去自己的励志经历一千字。）

妈妈：为什么今天又不想去？

孩子：水太凉了。

妈妈：泳池的水能有多凉啊？再说泳池又不是温泉，水本来就是凉的……（此处省略为啥泳池水需要凉科普一千字。）

妈妈：怎么今天又不去了？

孩子：教练批评我了。

妈妈：为什么批评你？是不是因为你不听话，没按教练的要求做？妈妈跟你说多少遍了……（此处省略听话、不听话孩子正反面举例一千字。）

很多时候，你自己都没发觉，你询问的目的完全不是帮娃解决问题，而是为了否定孩子，肯定自己。回忆下往昔，自己是“杠精本精”没错了，这样还有办法愉快地聊下去吗？

我们总是强调孩子要听话，即听我们的话。但我们又有几次给孩子说的机会，能耐心蹲下身来去听听孩子的话，问问他发生了什么？当我们放下家长所谓的不可触犯的威严（架子），尝试用平等的方式去和孩子沟通时，会发现很多事情都变得简单。也许是你误会了孩子的动机；也许是他有了你意想不到的敏感思维；也许孩子才是对的，是你错了。

一句“为什么”，对孩子和大人都是一个冷静的好机会。思考为什么的过程，是情绪脑回归理智脑的过程！多问一句为什么，无论对孩子，还是对自己，都是一个冷静的好机会。对孩子来说，他会跳出情绪的泥沼，努力理顺自己的思路，让自己尽量冷静地表述，让你明白他想干啥，不想干啥。这样的孩子慢慢地越来越能正视自己的情绪，甚至思考的过程中就明白了自己是真的有理由，还是无理取闹，也因此他才能学会跟大人沟通和交流，而不是一味地哭！

而我们成年人，对题作答的思考能力已经是条件反射。如果孩子提出问题，我们给出答案，你会觉得应对自如；但如果孩子不明原因地哭，你可能不知道自己该做什么，最后因为这种无力感情绪爆发。

有天送CC去上英文课，有新开班的小豆丁们，其中一个大哭着怎么都不肯进教室。她的妈妈很温柔，最开始非常心平气和地讲道理和规劝："宝贝，你看小朋友都进去了，你不是每次也喜欢来吗？一节课很快，你坚持一会儿就结束了。你看，你最喜欢的××小朋友也进去了，咱们去看看他们玩什么游戏呢。"

结果完全不管用，妈妈送进去一次，孩子就哭号着出来一次。如此反复了五六次，最后几次大哭可以用震耳欲聋来形容了！最终妈妈也被哭声惹得开始生气："你今天必须去上课。你不上完咱们就不回家。你就算不上，也得给我待到下课时间……"

作为旁观者，我太理解妈妈的整个心路历程了，从试图温和解决到说不通，到感觉无助，到情绪爆发，最终陷入跟娃较劲的"泥沼"中走不出来。

我很想帮她问问，那个平时很喜欢上课，今天却死活不进教室的孩子：今天为什么不想去？

不管孩子说出口的原因是什么，我想这位妈妈在平和的最初，一定能理智地给出最佳解决方案。

养孩子，请你务必相信一句——有因必有果！

所有的问题都是有办法解决的，但前提是你要明白孩子抵触的是什么。如果搞不清原因，不管你是讲道理、打"鸡血"，还是上棍棒，娃都不可能如你所愿。所以，帮孩子培养"看清自己的情绪—说出自己的诉求—表明自己的态度（是拒绝还是需要帮助）”的解决问题的思路，多问一句为什么，真的很有必要。

在CC自己还不能准确表达出来时，我就开始引导她说，甚至帮助她说。所以现在碰到任何问题，她都能说出理由，这样我不用去猜，不用去揣摩，不以自己的一己之见去评判孩子，明白了她的想法，也更容易帮到她。孩子的顾虑一一被解除，困难一一被排解之后，她又怎么会继续不合作、唱反调呢？

世界上哪有不听话的孩子，只有不理解孩子的父母。

如何跳出一次又一次对孩子发脾气的死循环

探讨完非常人性化、非常接地气的话题——没忍住，冲孩子发火了怎么办，一句话：发火不是最终目的，我们的目的是今后少发同样的火，少犯同样的错误，少走重复的弯路。

除了做发火之后的补救措施之外，妈妈们更需要知道的是：如何跳出“惹你生气—冲他发火”这种死循环。

总结了几个让妈妈们发火频率高的情况。一起来看看，你家是哪种吧！

1. 孩子的行为不符合你的期待，与你目前的身体或情绪状态冲突

比如，某天你身体不适，想早点休息，但是孩子各种折腾就是不睡觉。或者，正好你负责的工作出现了某些闪失，急需你处理，孩子“不识趣”地磨着你陪他玩。

应对方法：跟孩子认真地做出解释。

如果你不解释，孩子就不明白：为什么昨天不想睡觉的时候你能跟他玩游戏，今天还是一样的情况你就发火了。或者刚才还跟你玩得好好的，为什么接完一个电话回来，他还要继续跟你玩，你就发脾气了。不要觉得孩子小就不明白，对于特别小的孩子，即便他明白不了事件本身，他也能看懂你的表情和语气。

最初的时候，我也不愿跟CC解释那么多。后来我发现越是不解释、直接疏离，CC的反抗和纠缠就越强烈，好似非得拼个鱼死网破才能证明她没被忽视和冷落。于是我就试着解释："妈妈突然有件着急的事要做，不能陪你玩，需要离开你一会儿，这件事情妈妈必须现在做，你可以玩积木或是看书等我一下，好吗？妈妈会很快处理完。"她小一些的时候自然也是要闹的，但是她知道我不能陪她的原因不是因为她，即便哭也能很快平复，不似之前那般歇斯底里。再大一些，就有了默契，当我说需要工作一下的时候，她还是会表示一下被打断的不满，但却会自己看书或是玩玩具。

跟孩子真诚地解释，让他知道你发脾气的原因不是他，他会释怀并感到被尊重，自然也就愿意去理解你。

2. 孩子的行为触碰到了你的雷区

每个人都有自己的底线和雷区：

有的妈妈很讨厌孩子在公共场合喊叫；

有的妈妈受不了孩子拖拖拉拉；

有的妈妈不能忍受孩子对外人没礼貌；

有的妈妈看不惯孩子丢三落四……

每当出现类似情况，就跟踩了雷一样，不得不“炸”。

应对方法：想清楚以下三件事。

（1）你的标准真的适合孩子吗

比如，一个外向型的妈妈跟一个内向型的孩子，当孩子遇见陌生人就往你身后躲，而不能如你期望那般大方打招呼的时候，你就会因为他的无礼而失望。当不管你如何引导劝说，孩子都改变不了时，你就会怒其不争，这就成了一个跨不过的雷区。

遇到这种情况，父母需要做的就是，修正自己的标准，尊重孩子的本性。我们总是愿意拿自身的标准去衡量孩子，殊不知每个孩子天生的气质不同。我们提出的要求，要以尊重孩子的本性为前提。所以急脾气的父母不妨等一等你的“小蜗牛”，学霸父母在辅导自家“笨孩子”的时候不妨再多点耐心。

每个孩子都是独立的生命体，而不是我们的复制品，他们不该，也不必参照我们的标准。

（2）你不能接受的，真的不被允许吗

C爸有洁癖，因为洁癖他总忍不住限制CC的很多行为。比如，不想让她在草地上打滚，不想她把在外面捡的乱七八糟的东西带回家，偶尔跟他去医院什么都不许她碰、不许她摸……

如果CC是个内秀的淑女就罢了，偏偏她的心性活泼好动，最喜欢搞“探索”，走到哪里都搞得乌烟瘴气，稳稳地踩中了她爹的雷区，常常惹得C爸不快。后来我跟C爸深聊过一次，结果彼此都能认同：孩子的天性没理由屈服于家长所谓的原则。在不伤害自

己、不妨碍他人的情况下，她有权利用自己的方式探索世界，而不是按照父母的要求。所以C爸最终还是接受了CC大部分“不够干净”的行为，尽管他还是常常追在她屁股后喊她洗手，但不会继续限制她的行为并为此发怒。

有的时候，站在孩子的角度看问题，你会发现，大人的很多限制都是反孩子天性的。所以，在你能接受的范围内，给他们多一点自由吧。

（3）确定不能妥协的，找到解决的办法

如果确定有些规则不能妥协，或者就是不愿妥协，不可以吗？

比如，有的安静型父母就是不喜欢孩子大喊大叫，洁癖型的妈妈就是受不了孩子乱丢东西，等等。像这样的情况，父母当然也可以不妥协。尊重孩子，给他们尽量大的自由，是一方面；但尊重自己，也是很重要的一方面。如果对于父母来说，妥协确实更艰难，你觉得不愿意为孩子改变原则的时候，那坚持也是可以的。孩子既然生于这个家庭，就有义务尊重这个家庭的规则。

前提是你要始终如一，不左右摇摆，他自会调整自己去适应你，这样对孩子也不会有太大伤害，具体方法可以参照下一条。

3. 孩子屡教不改带给你挫败感

对于一些屡教不改的错误，很容易让妈妈们暴跳如雷。因为这让我们感受到一种教子无能的挫败感。你最开始跟孩子说“不”的时候，他一定也是听的。但他可能很快发现了，大人的“不可以”，有的时候只是虚张声势，只要他坚持一会儿、耍赖一下，

“不可以”就能变成“可以”。而如果你“不可以”变“可以”的概率太大，就别怪孩子每次都忍不住想要赌一把的心思啦。所有屡教不改的问题都有背后的故事，要从源头解决，而不是在事故现场发脾气。

应对方法：规则要明确，坚持要彻底。

说“不”之前，先考虑一下自己反悔的概率有多大，而“不”一旦说了，就坚持到底。要么就别干涉，要干涉就坚持到底。你的坚定才是减少孩子哭闹最简单的方式。因为只要明确了规则，清晰了底线，久而久之就内化成了孩子自动遵守的规则。

反之，你这次动摇了，孩子看到了有机可乘，下次就会用加倍的哭闹来动摇你。恶性循环下去的结果，必然是两败俱伤。而且，你说出口的话显得特别没用，孩子还显得特别熊！

另外一些偏要撞南墙的孩子，不妨就让他撞一撞，让他自己承担行为的后果（在确保孩子安全的前提下）。非要摸开水，可以让他试试（准备点微热的），他感觉被烫了，就不会再想摸了。他非要不扶把手上楼梯，可以让他试试，当他觉得不扶会站不稳可能摔倒或摔倒了，以后他自然知道要扶了。爱拖拉，那就迟到一次，他被老师批评一下，下次就会因为羞耻心变积极了。

我们要做的就是给他们犯错的机会，也给他们自己承担后果的机会。在他受挫之后，不讽刺嘲笑，不落井下石，而是真心地理解他，安慰他，他自会从后果中学习，也会更加听取你的建议。

妥协永远比坚持要简单，但该立的规矩如果能立得坚定清楚，以后会省去很多麻烦。

4.纯属个人情绪，需要寻找发泄突破口

不管是全职妈妈，还是职场妈妈，妈妈这个角色永远是24小时全年无休的。我们不能随时随地地保持好心情、超强耐心。而且生活的鸡毛蒜皮、职场的明争暗斗、婆媳的家长里短，很容易添油加醋地给生活蒙上一层烦躁和焦虑。当情绪积累到一定程度需要爆发的时候，不会察言观色的孩子就很容易沦为妈妈的出气筒。

应对方法：示弱和认㞞。

当你觉得某段时间心情特别压抑的时候，不妨把孩子交给孩儿他爹，或是奶奶、姥姥，自己出去放放风，约朋友喝喝茶、逛逛街。但是更建议在平时的时候，就能留有自己的一点独立空间，在全心全意养育孩子的同时，也留一点点自我。这并不会很难，每天让孩子爸爸陪玩一段时间，哪怕只是晚饭后的一个小时，这段时间你不必去管孩子，只做自己喜欢的事。或是每个周末有一天的时间把孩子交给爸爸或老人，自己随意放松做点什么。没有人能做真正的永动机，偶尔的抽离是为了更加元气满满的回归。

此外，跟孩子示弱也是一个非常有效的方法。

如果在我特别焦虑或烦躁的时候CC来烦我，我就会很火大。后来发现，对孩子示弱比逞强更好使。比如我常用的句式：“呜呜……我的工作好难啊，我一直都做不完，我又累又烦，CC还不让我工作，还让我陪她玩，呜……我真的太难了，呜呜……”CC就会说：“别哭了，别哭了，你工作吧。”

其实孩子都很懂事，只要不是赶在他情绪也很崩溃的时候，孩

子是会体谅你的。人类生来就有怜悯之心，对比自己更惨的人通常都会表示同情。所以“装可怜”这事儿，没人规定大人不能跟孩子比惨啊。

孩子让人抓狂的行为背后，是你不了解的脑回路

有的时候，教育孩子就像闭着眼睛在雷区前行。一不小心就会踩雷，引爆娃的“暴脾气”，弄得两败俱伤。与CC斗智斗勇的这几年，我终于明白，要想在这场战斗中既引导娃顺利成长，又保护自己不受“伤害”，首先要做的，就是了解娃的脑回路。

知己知彼，才能百战不殆。

孩子并没有我们想象的那样难管教。你以为孩子难哄，其实只是你还不太了解这些小家伙罢了。带娃路上，那些让人抓狂的行为，如果我们能了解一下背后的科学原因，也许就不会感到困惑和苦恼了。

1. 我并不是不听话，只是需要你多重复几遍

你有没有遇到过这种情况：同样一件事情你说了很多遍，孩子

依旧记不住，依然我行我素。

我是遇到过太多次了。多少次我嘱咐CC："别乱丢玩具，玩具玩完后要放回原处。"

强调了一次又一次，最后发现，说了多少遍都无济于事。心情好的时候，拉娃讲讲道理；失去耐心的时候，千言万语归为一声吼：你这孩子怎么这么不听话，说了这么多遍都不听！

《全脑教养法》中提到：是什么塑造了我们的大脑？经验！脑科学研究表明：不管处于任何年龄，我们的经验会一直改变大脑的物理结构。每当我们有新的经历体验，我们的脑细胞（神经元）都会变得十分活跃，产生新的连接，随着时间的推移，因活跃产生的连接会使大脑"重新布线"。

简单地说，就是孩子的任何经历都需要重复学习才能在大脑中建立联系，他们才能拥有对注意力、记忆力以及冲动行为的控制能力。你认为孩子不听话，很多时候只是因为他还不具备对某件事的执行能力，他还没有足够的经验去积累。

我们要告诉孩子多少遍？答案是：一遍又一遍。

所有的改变都是在不断的重复提醒中悄然发生的。当你想发脾气时，深呼吸并告诉自己：又一次提醒和指导，是在帮助孩子的大脑塑造添砖加瓦。

2.我并不是想要犯错误，只是想要学习新技能

谁家没个毛手毛脚的娃和一个提心吊胆的老母亲？！

一会儿没看住，就可能打翻了碗，摔碎了桌上的水杯。

一没注意，重要的文件就被当作了画纸。

吃饭拒绝妈妈帮助，却弄得满桌满地都是。

出门前刚系好的鞋带自己反反复复解开又系上，直到打了死结。

你有没有觉得，自家的熊孩子一天到晚的“主营业务”就是没事找事。其实，孩子只是想要通过实践来学习。两岁到五岁的孩子渴望获得足够的自由，自己做选择和决定。这也就意味着，他们开始制造麻烦并且犯各种错误。我们认为是错误，但其实是他们成长过程的一部分。

孩子在没有任何生活技能的情况下来到这个世界，对周围的一切都是陌生而好奇的。他们需要很多很多的学习实践才能培养出那些重要的执行能力。

学习没有捷径，只有不断地去探索、去尝试、去犯错误，他们才能获得技能：需要洒出很多次牛奶，他们才能学会慢慢地倒；明白了天冷不穿外套会不舒服，他们才会主动加衣服。孩子只有不断地试错，才能掌握属于自己的解决办法。

每次被CC搞到抓狂，让我认为她就是上天派来修理我，让我没好日子过的小恶魔时，我都会对自己重复一句口头禅：“娃是在学习，娃是在学习。想要让孩子学习，必须允许她犯错。”

当然，一些存在风险或危险的事情，必须设定限制，并且让孩子明白不许他这样做的原因。除此之外，我们需要做的是收起那些规矩或“不许”开头的话，想想最糟的结果，如果能接受，就允许他“学习”吧。

3. 我并不是喜欢哭闹，而是不会表达自己的感受

每个娃遇到任何“不顺心”，都会大哭一场：

因为看不了动画片而哭；

因为够不到想要的东西而哭；

因为吃不到美味的糖果而哭；

看不见妈妈要哭。

这个时候是不是觉得娃的泪水如此之多，“恰似一江春水向东流”啊？但其实，并不是娃喜欢哭，而是他们还不会表达自己的情绪。

对于孩子来说，愤怒、悲伤、害怕、焦虑等这些情绪是新鲜的、原始的，而且常常是非常令人困惑的！他们并不认识这些情绪，更不会表达和控制。自己内心的感受不知道怎么表达出来，就只会一种本能的表达方法——哭。

大脑中“控制情绪并学习调节情绪”的部分从幼儿期开始，到真正完成需要20年。即使是成年人，很多时候情绪上来也难以自控。对于两岁到五岁的孩子来说，处理这些情绪很难。

孩子需要你的帮助来表达他的感受。在不同的情景中，帮孩子标记不同的情绪——“给情绪命名”，是帮助孩子感觉被“听到”的最佳方式之一，这样他们就会冷静下来。

孩子发烧哭闹的时候，可以告诉他：“因为身体不舒服，你很难受，是吗？”

不能继续吃糖的时候，可以告诉他：“妈妈不让你吃棒棒糖，你很沮丧，是吗？”

看到跷跷板上有别的小朋友，他又哭又闹，你可以告诉他："等待的过程让你觉得很不耐烦，是吗？"

当孩子能将自己内心的感受与这些情绪的名字联系起来时，他才能真正学会多元化的表达，而不是只用"哭"这一种方式。孩子的表达技能越熟练，你们之间的沟通越无障碍。

我气CC不肯勇敢上试听课的时候，她能哭着告诉我："因为里面的小朋友都不认识，我很紧张。"

我气她太小气不肯跟好朋友分享玩具时，她能告诉我："我也想让朋友玩，但这是妈妈刚买的，担心朋友会弄坏。"

很多次我被气得想发脾气时，听到孩子的声音，一下子就平静了。

其实我们不怕孩子哭，怕的是不知道她为什么哭，不知道如何安慰，不知道作何建议。

4.我并不是忽略你的要求，而是我不确定你想要我做什么

在公园里玩耍时，如果你对孩子说："不要跑。"那么你不希望发生的事情，十有八九会发生。因为对于两岁的孩子来说，他们的想法非常简单。你对他说"不要跑"，他们会将重点放在"跑"上。其实不是娃故意唱反调，而是大多时候他根本无法理解大人的意思，不确定大人究竟要让他做什么。（孩子心里苦，但孩子不知道怎么说。）

当我们说"停止"或"不要"时，孩子需要对我们的请求进行"双重处理"。

首先，他必须明白你不想让他做什么：不要跑。

然后，他必须把它转化为你想让他做的事情：停下来。

这对年幼的孩子来说是很困难的。孩子无法直接将“不要跑”“停下来”和“慢慢走”画等号，于是就只能直接忽略这些复杂的话。相反，如果你直接说“慢慢走”，可能效果要好得多。所以，我们在和孩子沟通时，尽量简单直接些。用简单明了的、能让孩子理解的方式传达自己的意思。

比如，“不要用勺子敲桌子！”换成：“不用时，要把勺子放在桌子上，让它像小飞机一样降落在你的旁边。”“不要跑！”换成：“走慢一点，想象我们跟小乌龟一样！”

当我们改变了自己的方式，孩子也一定会有所改变。

叛逆期，千万别用成人的逻辑理解孩子的行为

我跟CC相看两不厌的状态，基本上是在一岁半的时候结束的。在这之前，尽管她的脾气也很臭，但是我还能用“亲生的……亲生的……随我……随我……”安抚自己。更重要的是，我觉得靠温和的安抚、转移注意力，场面基本我都能Hold住。

但从一岁半左右开始，我正式进入了“如何控制自己发脾气”“如何让自己明天少大喊大叫几次”诸如此类的批评与自我批评、怀疑与自我怀疑中。该来的，终究是要来的！

让两岁的孩子听话很难，因为他们正在经历一生中最伟大的大脑发育过程。此时，孩子的大脑每秒会产生700个新的神经连接，这会让什么新奇的事情发生呢？

看看我曾经历过什么：

CC：我想要面包。

我：好的，妈妈拿给你。

当我递给她的时候……

CC：我不想要面包。（扔到地上）

我：发生了什么？为什么？面包有什么错？我有什么错？

事实上，当我这么想、这么问的时候就错了。

成人习惯以一种逻辑方式想问题，但两岁的娃根本不懂逻辑，他们很大一部分行为（差不多90%）是基于情感冲动而不是逻辑。这就意味着，两岁的孩子整天都充满了不理智的情绪，毕竟人家是每秒大脑中有700个神经元产生的人啊。

他们也不明白自己为什么会这么做。

这就是为什么当你问两岁的孩子“怎么了”“为什么这么做”或者“为什么哭”的时候，他只会哭、沉默、喊叫或者只会重复他刚才告诉你的。他不知道为什么他不想再吃面包了。他不知道面包有什么问题。他所知道的是，在他的大脑里有一种强烈的冲动告诉他：“不要面包了！”两岁的时候发生这种事，真不是娃故意要惹怒你。

是时候谈一下两岁叛逆期这个老概念了。孩子两岁会有一个反叛期，对父母的一切要求都说“不”，经常任性哭闹，难以调教。

英语中有一个词形容这个阶段，叫作The terrible two——“可怕的两岁”。其实不仅局限于两岁，从一岁半到三岁，孩子情绪的阶段性剧烈变化每半年就发生一次。

“T2小暴君”CC的日常是这样子的：

“不”字打头：吃饭啦！——不吃饭；睡觉啦！——不睡觉；

换睡衣啦——不换睡衣。

开始有物权归属意识：爸爸的筷子，妈妈不能用；CC的妈妈，爸爸不能抱。

生活技能倒退：明明自己可以吃饭，偏要妈妈喂；明明可以自己睡觉，非要妈妈抱。

东西必须固定位置：鞋子要并好摆在床边，小熊要睡左边，兔子要睡右边。

什么都是“我的”：玩具是我的，食物是我的，公园里的公共滑梯也是我的。

什么都让我来：CC浇花，CC做饭，CC开车。

稍不顺她的意，她的情绪就开始爆发。

其实，面对两岁孩子的反叛，妈妈不需要太紧张和在意。因为，作为母亲的本性已使女人获得了养育的绝大部分自然经验。孩子的健康成长并不需要最好的母亲，只要足够好的母亲就可以了。足够好的母亲的“十四字教养方针”就是“不含诱惑的深情，没有敌意的坚决”。①

“不含诱惑的深情”：就是妈妈要让孩子知道她的爱是没有条件的。不是考了100分妈妈才爱你，也不是不吃饭、不听话妈妈就不爱你。

但这并不意味着妈妈的爱是纵容的。

① 美国心理学家科胡特在论述父母如何回应孩子的需求时提出的一个理想化的状态。——编者注

“没有敌意的坚决”：就是说妈妈对孩子管束和教育的态度应该是坚决和确定的，且不以暴力或者诱惑的方式进行。

没看懂？实战经验分享给你！

以下实例，如有雷同，纯属有缘。因为这些事基本每隔一天就能上演一次。

1.给予不含诱惑的深情

某日CC睡前玩积木玩得兴致勃勃的，怎么都不愿意换睡衣睡觉，我收起了积木说要准备睡觉喽。她开始生气、哭闹、流泪……

遇上这种情况，你通常是怎么做的？

有的妈妈噌地蹿火，把自己的情绪卷入进去，愤怒地指责：“每次都不睡觉……我说过好几次……”

孩子听到妈妈的负面评价，坏情绪像乌云一样累积，娘儿俩的情绪搅在一起，可想而知会产生什么样的暴风雨。

下面说我的做法：

我什么都没做，我静静看着她的眼睛，亲亲她涨红的脸颊说：“妈妈爱你，我和爸爸要睡觉啦！”然后温柔地问C爸：“今天CC应该盖薄被子还是厚被子？”

“盖薄被被。”CC自己回答。说完就自己盖好被子，像从未发生过一样的平静。

你听我的话妈妈才爱你，这是带有诱惑的教育行为。孩子乖不乖、聪明不聪明，这些和妈妈爱不爱是没有直接关系的。爱是因为不管孩子发生了什么，妈妈的天性都会无私地爱他，甚至在愤怒的时候更应该表达母爱的深情。

一切教养方针的前提都需要妈妈的正确态度，面对情绪失控的少年，家长的情绪要先置身事外。任你风起云涌，我自岿然不动。如果你跟着蹿火，最后一定是一片狼藉。

2.保持没有敌意的坚决

某天晚饭前，我正给CC读绘本，C爸提前五分钟给我们“打预防针”，“马上吃饭喽”，收到暗号的我开始引导CC：

“鳗鱼要去吃午饭了，我们也去吧，吃完再看。”

“不，不，不吃饭。”CC边说边用小手着急地翻书，让我告诉她每个海洋动物的名字。

“这本讲完啦，妈妈要去吃饭了，CC一起来。”

“不吃饭！不吃饭！不吃饭！”CC说完一屁股坐地上开始干号。

我姑娘这勤奋好学的模样，让我十分感动，但我又一次温柔地拒绝了她。

“地上很凉哦，妈妈给你拿个坐垫，但是妈妈现在要去吃饭了。”首先表示出自己不含诱惑的深情。

看我走进厨房，坐地上干号无果的CC开始跟过来抱着我的大腿流眼泪，“妈妈，求求你讲讲书，不吃饭，就不吃饭”。

每次CC一说“求求你”，我的心就化了，但是也只能继续假装温和的坚决。这也是每个妈妈都要学会的——克服自己对孩子比较原始的爱，而发展出一种能够有所克制并且能够包容孩子行为的情感能力。

“可是现在是晚饭时间，爸爸和妈妈都要吃饭了，我看看都做了什么好吃的？”我继续保持没有敌意的坚决。

“CC吃米饭还是粥？”看着稍微安静了一些的孩子，我继续保持温柔，并给出转移注意力的妥协方案。

“我tan（看）tan（看），吃那——”CC指着一盘藕片说道。（很好，我推荐的一个都没选。）

无论孩子如何无理哭闹，不要立即满足，也不要打骂，而是陪着，允许孩子去哭闹和发泄。孩子看到你始终如一的平静，他就会从狂涛骇浪中止息，如同设定好的程序一样，非常神奇。

上文提到的这“十四个字”说起来简单，做起来困难，结果却非常有效，当你被孩子逼得要失控的时候，不妨再默念一遍。坚持下来，你跟孩子都会受益。

不妨把这“十四字方针”给孩子爸爸和家里老人看看，教育最重要的就是家庭成员立场要统一哦，为了防止在管教过程中被爷爷奶奶等“黑马选手”弄个措手不及，不如提前打好预防针防患未然哦。

第二章

不打不骂——不伤筋不动骨，包治各种撒泼耍赖

如果孩子让你特别抓狂，试着从现场抽离出去，去洗手间做几次深呼吸、去厨房喝杯水，给自己一个“暂停键”，避免让情绪恶化最后失控发火，甚至打骂孩子。发泄完之后又陷入深深的自责和内疚之中，甚至因此补偿孩子，放弃之前的坚持，那就真的前功尽弃了。

孩子总是大哭大闹，分分钟被气出内伤

收到不少读者留言，问“只要孩子的要求没满足，只要啥事没依着他，他就又哭又闹该咋办”这类问题的太多了，而不同年龄的孩子哭闹的原因和应对的方法又不太一样。

一岁之后两岁之前的孩子，你说他懂事吧，他也不完全懂，你说他不懂吧，他又不是完全不懂。一岁之后，孩子哭闹的情况明显增多，哭闹的原因也越发地莫名其妙，猜不透娃的心思的妈妈们都把它归结为越大越调皮了。其实，这是一个可塑性最强，却也最容易被忽略的阶段。

1. 一到两岁的孩子哭闹的常见原因

自打出生孩子就明白——会哭的孩子有奶吃。

饿了——哭；

困了——哭；

尿了——哭；

寂寞了——哭。

只要一哭就会有人来回应和满足自己。哭，成了呼叫妈妈以及让他人满足自己需求的手段。

孩子不会判断某种行为在大人眼里是否正确，他只会判断该行为是否有效。如果是有效的，那么就是可以持续使用的。所以，一岁之后，但凡有什么不如意、不顺心，他的第一反应就是用哭闹来表达：

搭不上积木，我要哭；

妈妈非让我睡觉，我要哭；

妈妈不让我打人，我也要哭。

可是，此时的妈妈为什么变了呀？从前一哭就喂我、抱我、满足我、让我开心，为什么现在一哭妈妈就烦躁，甚至生气了？是妈妈不爱我了吗？还是我哭得不够大声、不够悲惨？

当然不是，只有我们大人知道，想扔东西、想打人的这种需求，跟想吃奶、想尿尿的需求是不一样的。

（1）独立的小芽萌出，但个人能力明显不足

一岁之后，渴望独立的种子开始生根发芽了，孩子开始有了自己的想法，有了自己想玩的玩具，有了自己想独立完成的项目。但是，精细动作、协调能力和认知能力又没发展到相应的水平，一旦失败就情绪崩溃：

硬把大套筒往小的里面塞，就是塞不进去！

吃饭偏要用筷子，就是夹不起来！

就是不想睡觉，想当个“永动机”，但是身体却不给力，玩着玩着就“电量不足”！

……

试问这种渴望独立的心灵和这个拖后腿的身体严重不匹配，能不让人沮丧吗？

（2）很多行为开始被限制

一岁之前，除了吃、睡，有人陪玩，有几个玩具啃啃，孩子基本就能满足了。一岁之后不行了啊，探索欲爆发了，行动力也能跟上了。

厨房里的压力锅突突突地冒气多好玩啊；

把勺子和碗扔下桌子看自由落体多好玩啊；

打一下隔壁的小妹妹，她就哭一下，像个机器娃娃一样，多好玩啊；

二狗手里那个小汽车我没见过，看起来不错的样子，抢过来玩一下多好啊。

但是，为什么妈妈什么都不让我干呢？从前什么好玩，妈妈给我玩什么，现在但凡我觉得“好玩”都要被禁止是什么意思？

所以你明白了，其实一岁之后哭闹增多，孩子的苦衷也很多，若是这世界顺风顺水，谁还哭闹？正是因为孩子看世界的方式变了，世界对待他的方式也不一样了，这种转变才会让妈妈和孩子觉得沮丧。

2.妈妈们该做些什么应对孩子的哭闹呢

（1）教给孩子除了哭闹之外的表达方式

这个阶段正好是语言爆发期，可以引导孩子说一些简单的词汇，比如：要，还要，不要，我的；或者教给孩子一些身体语言，比如：用手指，点头，摇头，摆手。

当孩子哭闹的时候，先告诉他：“你大声哭闹，妈妈不知道你要什么，告诉我或者指给我好吗？”

然后帮孩子认识他的情绪并说出来：

“你困了，你很难受。”

“你不想妈妈抱隔壁的小弟弟，你嫉妒。”

“妈妈不让你扔玩具，你很生气。”

让孩子逐渐明白，在今后的日子里，哭闹这一招并不能达到目的，而是可以用更正确的方法。

需要提醒的是，想让孩子明明白白地告诉你他的意图之前，先要把他的情绪安抚下来，千万不要在孩子情绪依然失控的状态下就尝试教他，这样只会火上浇油。

比如，孩子内心的独白会是：你难道没看见我都伤心得说不出话了，还硬要我表达……

（2）对于能力达不到的事，给孩子探索机会并提供帮助

对于孩子能力达不到的事，我们最容易做两种反应：一种是迅速满足；另一种是打击讽刺。

迅速满足常见的例子有：

“哎呀，你自己用勺子吃不好的，来，妈妈喂喂。”

“这个袜子你自己穿不上的，别生气了，妈妈帮你穿。”

打击讽刺常见的句式有：

“你自己把积木弄倒了有什么好哭的，怪谁啊？”

“不是跟你说了你自己还小穿不上鞋子吗，非要穿，穿不上还哭。”

以上这两种都不是好的方式，迅速满足容易让孩子学会放弃，遇到一丁点儿困难第一时间就会想到求助，而打击讽刺很容易打消孩子尝试的积极性。最好的办法就是给孩子一些探索机会，最后再提供帮助。

在他尝试几次不成功开始哭闹的时候，先安抚他的情绪：

“自己弄不好这个，你很生气，妈妈示范给你看怎么样才会成功好不好？”

有一部分孩子是乐于接受帮助的，但是也有一部分比较倔强的孩子，你越是要帮忙他越是抗拒，比如CC这样的。通常，她因为能力不足开始发脾气之后，对我主动提供的帮助，她都是会拒绝的，并且会发更大的脾气。这个时候我都会再给她一些时间去跟能力不足的自己解决一下“私人恩怨”。我们不需要帮孩子逃离这种心有余而力不足的沮丧感，相反，这是成长必须经历的。但是我会告诉她，“CC可以再试试，不过如果需要妈妈帮忙，可以随时叫妈妈”。

最后的最后，也许孩子就成功了，即使没有成功，他也能平和地接受自己能力不足需要帮助，接受事与愿违这个结果。但此时他回过头来寻你帮忙的时候，妈妈千万不要落井下石，赌气说什么

“我想帮你的时候不让帮”，而是真心教给他更正确或者更容易的操作方式。

(3) 对于需要限制的行为转移注意力或正面强化

一岁之后两岁之前打人、扔东西这类“不好的行为”其实并非恶意，所以转移注意力是一个不错的办法。当孩子咬人的时候，如果你制止他，他还会委屈地大哭，这时候可以给他一个牙胶，跟他说，你可以咬牙胶，如果咬妈妈，妈妈会痛。

转移注意力的时候，跟孩子解释原因，慢慢地他就能明白，哪些行为是被允许的，哪些不可以。

另外，正面强化也是很好的办法，简单地说就是强化正确的行为，弱化错误的行为。

举个例子，当我说“不要扔胡萝卜”的时候，你脑海里出现的是“不要”，还是“扔胡萝卜”这个画面？

相信一定是后者。

所以，当你说“不要×××”的时候，孩子脑海中被强化的一定是“不要”后面的概念。知道真相的你是不是很惊讶？所以，你可以直接说“如果不喜欢吃可以把胡萝卜放在桌子上”，这样强化的就是“放在桌子上”这个正面行为。

两到三岁的孩子哭闹还会翻新花样，不合理的哭闹、充满恶意的行为也悉数登场，该怎么办？

Trouble 2的孩子就是很难沟通，不管多么逆天的要求都敢提，比如：

如何在睡前拖延上床时间；

如何穿着妈妈的高跟鞋下楼；

如何手里拿着一个比自己脸还大的皮球，在不松手的前提下穿上衣袖。

3. 两到三岁孩子哭闹的常见原因

(1) 秩序敏感期与周围环境的格格不入

处在秩序敏感期的孩子在这个阶段会变得非常难以沟通，甚至“不可理喻”。孩子在做事情之前，大脑里会有一个特定的程序，而且认为事情只能按照他的设想发生，一旦设想的程序被打破，他就会发火。比如：

必须自己上楼梯，谁扶我一把，抱歉，我非但不领情，还要倒回去从第一阶重新上；

我要自己拿出饼干，谁帮我拿出来了，对不起，给我放回去，我要重新自己拿。

光是上述情况，还不足以让孩子哭闹，大不了满足他就是了。关键是很多执拗的要求，根本就无法满足啊。比如，非要先穿鞋再穿裤子；比如，在没带水杯的情况下，非要用自己的水杯喝水。总之，气量不够的妈妈分分钟被气死！此时的孩子常常看上去“喜欢胡闹，而且比任何时候都任性”。妈妈们常常会有无力应对的感觉，能做的都做了，依然平复不了孩子的哭闹。

(2) 走向独立、证明自身控制力进程中遭遇重重阻碍

两岁之前，孩子的主要任务是发展自我意识，基本都是围绕自我这个小中心转圈圈。

掌握的本领越发多了之后，他们就不满足于控制自己了，从摸索自己能干什么开始，转变为自己想干什么就干什么，转而开始控制别人。所以最突出的表现就是开始跟大人作对，试图让大人遵从自己的想法，每天说得最多的就是“不”“不要”。

说好了看完电视以后刷牙睡觉。不，还要玩会儿积木。

说好了只吃一个冰激凌。不，吃完了好像没吃够，偏要再吃一个。

说好了先到先得。不，现在、立刻、马上就要玩。

总之，孩子就是有各种各样的理由去拒绝大人，有各种花样的想法去讨价还价。这当然让爸爸妈妈很动怒啊，从前指哪打哪的“听话小玩偶”，现在你说东他偏要说西。妈妈们更相信了那句话，果然是越大越调皮啊，最怀念的永远是养娃的上一个阶段。

(3) 渴望独立又渴望被爱的矛盾冲突

两岁之后孩子既想冲破束缚标榜独立，但是又时时刻刻地需要验证：妈妈是爱我的。所以这个阶段孩子哭闹，不像小时候一样一味地哭，也不像更大的孩子一样跟你顶嘴或者生闷气远离你，而是一边嘴里喊着不要，拒绝着你的要求；一边更加黏你，想让你抱抱他。

孩子就是通过这种方法来证明妈妈依然爱着自己，缓解他内心的焦虑。他既渴望独立，又不想失去妈妈的支持或者让妈妈失望。一边惹你生气，一边向你索爱，是不是很纠结、很矛盾？说白了就是想在妈妈的支持下“为非作歹”。所以在失去支持的时候，他们会越发地愤怒，愤怒的不仅是事情失败本身，更愤怒妈妈对自己的不支持，进而怀疑是不是妈妈不爱自己。

4. 家长要怎么做

两岁之后的孩子，说什么他基本都可以听懂了，对一些简单的规则也能接受了，这个时候除了延续之前的行为教育之外，语言教育也有一定作用了。

（1）给叛逆期的孩子多一些理解

对孩子的合理行为与要求，既要满足，又要鼓励；对孩子的不合理要求则要采用适当方式加以引导，避免采用强硬手段。

（2）对于一些常规的活动，设立切实可行的规则

何为切实可行？可以参照两个标准：

一是根据孩子的实际水平（不要让孩子许他能力范围之外或根本做不到的承诺）；

二是尽量征求孩子的意见（如果可以商量的，家长尽量不单方面设规则）。

规则不仅不会限制孩子，相反，会让孩子明白事情的因果联系，并对自己的行为进行预测，这反而可以帮助孩子建立安全感。

比如，跟孩子说好如果不刷牙，那么睡前故事就没有了。如果他坚持不刷牙，那么当妈妈不给他讲故事的时候，虽然他不想接受还是会哭闹，但其实也做好了不能听故事的准备。

一次、两次、三次可能还是哭闹，但只要你态度坚决，不妥协、不摇摆，孩子自然会放弃无用的抗议，最终适应这些规则。

（3）对不合理的要求，坚决说“不”，但是态度要温和

这个阶段的孩子有太多不合理的要求了，他们试探着冲破每一个规则，突破每一条底线。所以适当的拒绝是必需的，而拒绝后会

哭闹也是一定的。

不要粗暴地制止孩子哭，不管大人觉得要求多么不合理（比如，非要抢其他小朋友正在玩的秋千），那都是孩子发自内心的愿望，愿望破灭了，自然是要哭一哭的。不要因为自己觉得是“无理取闹”就否定孩子的需求和感受，甚至打骂。

我们应该做的是：

宝贝，我非常理解你的心情，但是我不能同意你的要求。妈妈知道你很想玩秋千，可是现在不行哦，有小朋友正在玩，我们要等。如果你觉得很难过可以哭一会儿，如果你想要妈妈抱，妈妈也可以抱抱你。当你想好了不再抢、好好排队的时候，我们还可以回去玩。

（4）不要打骂

如果孩子让你特别抓狂，试着从现场抽离出去，去洗手间做几次深呼吸、去厨房喝杯水，给自己一个“暂停键”，避免让情绪恶化最后失控发火，甚至打骂孩子。发泄完之后又陷入深深的自责和内疚之中，甚至因此补偿孩子，放弃之前的坚持，那就真的前功尽弃了。

（5）爸爸妈妈不要做习惯的破坏者

当孩子已经知道不需要通过发脾气，好好说话一样可以达到目的的时候，那么父母就千万注意不要出现“理所应当”的心态，去破坏这些习惯。很多时候哭闹是因为被忽视，没有得到及时的响应，不要因为孩子好好说话，就忽略他的情绪。

其实我自己偶尔也有这个问题，有的时候CC好好跟我说“妈妈给我讲个故事”，我却各种敷衍，直到她生气了，我才响应。如果这种情况很频繁，就会传递给孩子一个错误信息：我好好说话妈妈不会听，非要大哭大闹才值得被响应。孩子哭闹，妈妈也别忘了从自己身上找一下原因。

崩溃的父母，千万不要张嘴就只会“别哭了！”

自从萌娃长到快一岁，有了自己的意识之后，做妈妈的每天不是正在“救火”，就是赶在“救火”的路上。细细回忆每天处理娃的哭闹时，说得最多的一句话大概就是：“别哭了，不许哭了，你不哭了成吗？”可是说出这句话后，自己心里也并不好过。然而，面对娃大哭，我们溜到嘴边的除了它，好像再也没有第二句。

1.孩子为什么会哭

因为他正在学习如何驾驭世界，但这个过程并不是那么顺利，所以他在这个过程中会感到疲倦、不堪重负和沮丧，也就不可避免地导致发牢骚、发脾气和流眼泪。共情是安抚孩子哭闹最有效的手段之一。很多妈妈说：道理我都懂，一天几次，可能还应付得来，但是在多次爆发之后，耐心耗尽，我只想让一切停止，立刻、马上！

孩子是制造问题的“永动机”，但老母亲不是解决问题的“永动机”。所以时常会听到崩溃的自己在大吼大叫：

“别哭了！”

“别吵了！”

“再哭，我就不管你了！”

还有一些父母可能会因为孩子哭，直接上手揍。因为他们不知道还可以做些什么让孩子停下来。为什么跟孩子说“别哭了”完全起不到作用？

当你试图通过大喊“别哭了”来消除或减少孩子的情绪感受时，只会带来更大的崩溃，这会让情况变得更糟糕，也让自己的工作变得更困难。因为孩子没有与你建立联系的感觉，没有得到安全感和理解，他们就会希望得到你更多的关注，这意味着更多的哭泣和发脾气。

2. 哭很重要

对孩子来说，哭是一种健康、自然的情绪释放。但是告诉孩子“别哭了”，这就像是在说他们的感觉并不重要。虽然，你我的初衷并不是这样。

我们只是觉得：有些事没必要哭；有些事没必要哭起来没完没了。

但孩子对世界的看法与大人的看法截然不同。随着孩子年龄的增长，他将学会如何以一种更能被社会接受的方式来管理自己的情绪，但是对于他现在的发展水平来说，哭是完全“合适”的。

你跟孩子说“别哭了”，只有两个结果：你屈服，在孩子的哭声中妥协；你不妥协，对此沉默、冷处理，直到孩子哭够。前者会让孩子有被纵容的感觉，后者孩子有被忽略的感觉。

其实，还有第三个选项，既不会宠坏孩子，也不用无视孩子。那就是用积极的措辞对娃表达同理心，这个选项是父母掌握主动权、改变游戏规则的转换器，比单纯地制止孩子“别哭了”有效100倍！

3.用这七句话代替“别哭了”

下面的“七句话”最开始用起来，可能会很别扭，因为这不是我们习惯性的回应方式，但就像任何育儿技巧一样，熟能生巧。使用一段时间之后，你会越用越熟练。初期，你甚至可以把它们当作答案一样背给孩子听。听上去有点死板，但是好在有七个选项，足够你灵活选择！

（1）“妈妈知道你很想哭，想哭就哭吧”

当你说“没关系，你没事”时，出发点是善意的，但问题是孩子现在不开心，这点不用怀疑，哭泣是因为此刻他们感觉不开心。虽然你的本意是试图安慰，不过站在孩子的立场，他会觉得你是不承认或者漠视他的感受。一句简单的“妈妈知道你很想哭，想哭就哭吧”才是更好的表达。

（2）“我看到你因为______难过”

如果孩子在等待超市结账的间隙想要一根棒棒糖，而你拒绝了他，这也会导致他哭起来。忽视他们的愿望或给他买糖果以达成妥协，这两种做法都不好。你可以说：“我看到你因为没买棒棒糖而感到难过。你很想要它，但它不是一个健康的选择，妈妈希望你健康。”向他展示你理解他的观点，同情他的感受，但不要让步。最开始这样说，孩子可能还是会哭，但是当他看到你承认他的感受，而且看到你坚定的样子时，他们就已经做好被拒绝的心理建设了。

（3）“没关系，妈妈在这儿”

有时孩子只是度过了艰难的一天。一连串的崩溃可能会导致他更加崩溃，你也不知道是什么引发了他哭泣。在这种情况下，大人最好保持一个积极的态度和他在一起。靠近他，抱抱他，和他一起等待，直到暴风雨过去，让他知道你在那里。

（4）“妈妈知道你太累了”

有时孩子会因为过度疲劳而崩溃。比如，你带娃出去玩，但错过了午睡时间，娃可能开始为了一点小事就哭。或者，走路走得太长了非要抱。而你也累得要死要活了，自然不想抱，娃又哭了。

这个时候，你可以用一些积极的话语来跟进，比如，“我们在外面待的时间太长了，我们现在回家，你很快就可以休息了”。让他们知道，你知道他们有多累，你会让他们尽快休息。避免在体力透支的情况下两个人情绪升级，进入对峙状态。

（5）“你需要妈妈帮忙吗？”

当孩子很小的时候，事情并不总是按照计划进行，这会导致许多挫折，引起孩子哭泣。如果你发现孩子正在努力完成一项对他有点难的任务，他越来越不安时，你可以试着提供帮助。一旦他完成了挑战，通常就会停止哭泣。

（6）“我知道，这看起来不公平”

孩子不能制定规则。他也无法控制自己的日常生活，他大部分时间都要听从大人的指令。这会让他感到不公平。如果这个时候你能体谅他的感受，对孩子来说就是最好的安抚。一些不得不做的事，看上去也就没有那么难以让人接受了。

比如，在饭桌上为“不能像大孩子一样喝碳酸饮料，只能喝白开水”这事儿，CC没少反抗过。但是基本只要我说，“我知道，这看起来不公平，不过，你还很小，碳酸饮料会腐蚀你的牙齿，等你再大一点，牙齿更坚固了，就可以喝一点了”，基本都能制止她的继续无理取闹。

很多时候，我们不恨不公平，只是讨厌不被理解的不公平。

（7）“你可以跟妈妈说，我在听”

每个人都想被倾听，甚至是孩子。如果孩子正在为发生的事情哭泣，鼓励他们说出来。

通常情况下，一旦孩子觉得他得到了你的全身心关注，他的脾气就会消失。而且，说出来是一个需要动用“理性脑”的过程，这个过程可以帮助孩子冷静下来。在这之后，你可以提出诸如“你希望妈妈做什么”或“我如何帮助你”之类的问题。这些问题会让他思考，让他重新恢复理智，从而摆脱暴躁的情绪困扰。

下次当孩子正在与一种无法抗拒的感觉做斗争时，不要张嘴就说“别哭了”。把上面提到的一些积极的语句印在脑海里，这样你就可以随时调用，用同理心和理解来回应孩子。在一天结束的时候，你需要让孩子知道，你总是接受他的。不管他是平静还是情绪激动的时候，这是无条件的爱。让他知道，即使他有时让你发疯了，但你依然爱他。

在公共场合，无理取闹该如何收场

很多朋友会说，用C妈写的办法实践了一段时间之后，效果很不错，真的神奇地制止了孩子的无理取闹。但是在实践过程中，这些方法在家很有用，一出门就“歇菜”了。别急，引导熊孩子哭闹的路途漫长，而且是一路升级打怪。

然而，公共场合哭闹的小娃真的让人好尴尬，在这种强大的社交压力之下，妈妈们常常会败下阵来。退一步海阔天空，行，先满足他，但求“小祖宗”赶紧把这刺耳的高分贝给停了。这一妥协不要紧，精明的孩子立马发现了天机：

“在家不能吃糖，但是去超市大哭大喊，妈妈就会给我买。”

“妈妈平时不许我看动画片，有一堆叔叔阿姨的时候就可以让我看！”

“哦，原来人多的时候闹一闹，就可以达到目的哦！”

辛辛苦苦在家建立起来的规矩，外出一次，一切回到解放前。

在公共场合，孩子无理取闹该如何收场？

1. 如果环境允许，顶一顶压力应对如常

所谓环境允许，是指如果公共环境是比较开放嘈杂的，对孩子哭闹的容忍度比较高。

适用的场景示例：

吵闹的超市里，孩子非要买包糖吃，不买就坐在地上蹬腿；

在喧哗的游戏场，说好了再玩五个项目就回家，孩子最后说话不算数。

这类环境比较热闹，带孩子的父母也比较多，大家的包容心和容忍度会更强一些。因为要求不能被满足而哭闹的娃时不时可见，多一个也不新鲜，所以大人可以继续坚持原则。

举一个CC的小例子：

每周我带CC上乐高课，下课之后她都央求着要去隔壁的游乐场玩一玩。每次我都不允许，照例是一样的理由：今天太晚了，不行哦，周末的时候可以带你来。她开始也是一哭二闹，直接脱了鞋子坐在游乐场入口处的地上哭。我会蹲下抱着她说："妈妈知道你很想玩，但是今天已经七点半了，我们还要去吃饭，玩得太晚你明天就起不来，上不了幼儿园了。"她当然不领情，直接推开我哭得更厉害。我还是会语气温柔但态度坚定地重复："如果你难过得很想哭，那妈妈就陪你在这儿哭一会儿，不过今天确实不能玩。"

几次之后她便知道了这确实不可能，现在偶尔还是会嬉皮笑脸地闹一下，但试探也是适可而止，绝不会再大哭大闹。这就是小孩子，当他知道哭闹也换不来想要的结果时，还浪费那力气干什么？！

对于明知不合理的请求，孩子不断地升级哭闹，说到底都是因为哭闹最终能带给他想要的。而在公共环境，这种可能性显然会更大。

2.如果环境不允许，抱离现场

如果爸爸妈妈没有迎接路人眼光洗礼的勇气，或者公共场合本身就是比较安静不宜大声喧哗的地方，比如餐厅、会馆、图书馆之类，那么最好的方式就是把孩子“抱离现场”。

脱离当下的尴尬环境，找一个安静的角落，重新梳理自己的情绪，也重新安抚孩子的情绪。而且最重要的是要跟孩子约定好，除非遵守规则，否则就不能继续参与游玩活动。

适用的场景示例：

楼下小花园，抢了小伙伴的玩具，当对方面立规矩，对方一般会说没事没事，不了了之；

在餐厅，因为要求不合理被拒绝，大吵大闹影响到他人；

还有一些在外人面前立规矩会伤害孩子面子的情况。

还是举CC的例子：

有次带CC去餐厅吃饭，那时候她也是处于说了也不听，打了也没用的年龄，而且物权意识极其不清晰，觉得自己看上什么，什么就是自己的。那天刚好是情人节，餐厅里装饰了很多新奇的玩意儿，有一只会飞的玩具小鸟还在头顶上飞来飞去。CC这么个天真幼稚的娃儿，非要把那只玩具小鸟抓到自己手里带回家。在知道不能被满足之后，她不出意外地大哭大叫。

我试图跟她解释因果关系，依然无效，人家就是一副你把天说破了我也不管的样子，就是哭着闹着要抓到那只鸟。当时，餐厅安静得很，而且周围大都是小情侣，她这几嗓子很是惹眼，引来一大拨凝视和默笑。我不得不终止晚餐，无视她的抗议，把她抱了出去。

依然坚持我该坚持的："妈妈知道你喜欢那只小鸟，但它是餐厅的，不是我们的。"她边哭边挣扎着要回到餐厅，还想要抓那只小鸟。

"等你哭好了，我们再回去。餐厅是大家吃饭的地方，不是大声哭闹的地方。妈妈先在外面陪着你。"

一听我这么讲，她哭得更厉害了，但是她很快也就认清了现状。等哭声渐弱后，我再次简单地给她梳理了一下为什么她不能拿那只小鸟，然后问她还想不想回去，她回答想。

"好的，那如果哭闹了，妈妈还是会抱你出来哦。"

回去以后，再看见那只小鸟飞到我们头顶，CC回身"小人得志"地跟C爸"下旨"："爸爸，你只可以看看哦，不能把它抓回家。"

3. 最重要的，是你的坚决

有的人说，干吗把孩子搞得这么可怜？不就是一只玩具鸟吗？

回头给她买个就是了。

常常看到四五岁的孩子在超市的地上撒泼打滚非要买糖，或者在某个专柜面前哭着闹着要买家里已经有的类似的玩具。在最初的那些日子，这些CC一个也没落下过，要花样的招数和哭闹的程度也都曾让我开眼过、尴尬过。但是现在，她几乎很少出现这种撒泼耍赖非要计划外的东西不可的情况。如果真的非要不可，她也会试着给出比较清晰的、必须要的理由，而不是一味地哭闹，如果能说服我，我也会让步。

随着孩子慢慢长大，他必须知道，有一些界限他必须遵守，有一些失望他也必然要承受。不随便抢别人的玩具，不见到什么要什么，不以撒泼耍赖为要挟要某样东西，这些听上去比较有礼貌、有教养的行为，不是天生就会的。他们需要在实践中不断地学习和强化，也需要多碰几次壁才能接受这些现实。在自身和外界环境不断的磨合中，孩子也能慢慢地学会，当需求得不到满足时，怎样合适地表达出来。

内外一致性的规则不仅不会影响孩子的安全感和自信心，相反，当孩子知道前因后果之后，对结果就会有正确的预测，反而更有安全感。如果每次大闹一场就可以改变规则，反而让孩子拿不准底线，想着是不是该让自己的哭闹升级一下。

给孩子立规矩，路漫漫其修远兮，其中最考验的就是父母的决心。

如果你还没想好自己能不能坚持到底，那么不要轻易开始，因为一旦开始立规矩，孩子可能会有短暂的哭闹升级期，他会觉得，为什么平时哭一哭就成功了，这次却不行？是不是还要哭得更厉害一些，妈妈才能妥协？如果在这个时候你放弃了坚持，那就是人为地加剧了孩子的哭闹等级。

对付打人、咬人、踢人的娃，这样做才是釜底抽薪

我一直坚信温柔的积极养育，但是对于孩子攻击性行为的处理容易让我产生自我怀疑，尤其是攻击的对象是其他孩子时。这大概是因为，当我们一对一、以单纯父母的身份面对孩子时，总是能更包容、更有耐心一些。但是当孩子的行为影响或攻击到别人时，此时我们的身份不仅仅是处理自家孩子情绪的妈妈，同时还是孩子的监护人，承担着向旁人解释自家孩子行为，并展示你处理结果的责任，我们便很难做到宽容了。我们只想以最快的速度解决问题、给出解释，向旁人证明，我的孩子不是个熊孩子，我自己也不是个差劲的妈妈。

那么问题来了，这个时候还需要温和的积极育儿吗？如何做到呢？

我最初也是恼羞成怒，每次CC出现攻击性的行为，我火气比她蹿得还高。但CC是个特别倔强的孩子，别家的孩子被父母训斥

两句虽委屈，但也能乖乖道歉或乖乖收敛，这种情况却不会出现在她身上。采用强硬的方式，我从来没赢过。就算是暴揍一顿，她也绝不会屈服或道歉之类，当然我没因此揍过她，但是说教、批评，甚至怒吼，样样都曾尝试过。结果可想而知，像处理任何情绪问题一样，如果父母的情绪控制不住失了态，孩子一定安抚不好。强权或暴力也许能在当下镇压成功，表面上成效显著，但其实反而会破坏孩子的安全感，情况从根本上完全没有改善。

于是在那个阶段我看各种书，尝试各种方案，最后摸索出了一些门道。我写这篇文章的目的，就是通过改变你看待孩子攻击性的方式，进而帮助你用温和的方式帮助孩子。

1. 改变想法，重新构建“攻击侵略”

“娃哭着喊着要再吃一颗糖”和“娃上手打人抢别人的玩具”，我们通常认为后者更严重。我们为什么对孩子的打人、踢人、咬人、抢玩具行为格外抵触呢?

因为在成人的眼中，这些都属于攻击侵略性的行为。“攻击侵略”这个词带有相当负面的含义，它意味着侵略者正在给被侵略者造成痛苦或伤害。

但是，其实细细思考孩子们的“攻击性”就会发现，他们不是“坏”或“顽皮”，他们只是“正在度过艰难时期”。从这个角度去观察孩子的行为，我们就可以更温和地帮助孩子应对困难。这个观念的转变，是我能跳出情绪的怪圈，相对客观地处理CC攻击行为最重要的一个转变。

我不再因为她的行为感到羞愧，不再觉得是她让我难堪和丢脸，也不再在潜意识中认为是自己无能没有管教好她。我只是看到，我的孩子正在经历一段困难时期，而年幼的她缺乏经验，不知道如何正确处理。而我要做的，是如何帮助她度过这个阶段。有点阿Q精神吧？但是，特别有效。

其实我们都明白这一点，那就是：如果你对某种行为本身有偏见，那么你的处理方式一定带有偏见。如果你认为孩子在攻击，那么你首先想的是如何压制、控制，甚至抹杀他的攻击性；如果你认为孩子只是不知道如何表达，那么你首先想到的是教他怎么说、怎么做。

2.如何轻松处理这些“困难时期”

试着找出可能是孩子经历“困难时期”的原因，我们就可以对症下药。

（1）缺乏沟通

根据我的经验，大部分孩子攻击行为的主要原因之一，是沟通障碍。

他们沟通水平有限，还不足以像成人一样妥善地沟通并处理问题。

他们认知水平有限，也不足以像成人一样对物权所属有清晰的认知，并克制自己不去觊觎别人的东西。

既不能控制自己所想，又不能控制自己所为，你说这困难够不够大？

所以很多孩子的第一反应，就是用自己最熟悉，也最容易操作的“肢体语言”去沟通——想要，就抢！抢不过，就打！这个时候，我们需要做的，是验证孩子的感受—与他们建立情感联系—重复规则—引导他正确地沟通和表达。

比如：

你喜欢豆豆的玩具，你想拿过来玩是吗？

妈妈知道你很想玩。但是，那是豆豆的玩具。不过，我们可以拿你的恐龙玩具去问豆豆愿不愿意交换玩。

（2）情绪失控

当孩子生气、愤怒的时候，他会变得非常难以控制。但这些情绪的变化，以及由此带来的身体上的变化，对孩子来说是陌生的，通常，孩子是不知道如何宣泄这些负面情绪的，这种失控感让他觉得害怕，所以会使用熟悉的身体语言：

没得到想要的，生气了就摔东西！

被制止了，愤怒了，就打人！

被拒绝生气了，就咬一口！

所以我们要做的，是摸索更多的方式，帮孩子通过多种方式，学会在不打或不踢的情况下平静身体、平静心情。比如，CC常在纸上乱写、乱画、乱戳、踢沙堆、扔（摔）我告知过的安全的毛绒类玩具。每个孩子不一样，多尝试一些方式，总能找到适合自己家孩子的。

（3）过度刺激

当孩子受到过度刺激时，即便是过饿、过累导致的身体劳累，他都会感到害怕，并且不知道如何应对，这种情况下更容易出现行为失控。

问自己几个问题：

孩子有足够的睡眠吗？

孩子现在特别累吗？

周围的环境让他觉得有压力吗？

父母要去学着识别这些“触发器”，识别过度刺激的前兆。

比如，很多孩子不能适应过于喧闹、嘈杂的环境，那么如果你要带孩子参加一场聚餐，在孩子被过度刺激之前，最好就将他从这个环境中抱离。如果不能选择离开，那就给予他应对技巧或准备几种安抚方式。

比如，食物、玩具、发明好玩的游戏，找到能帮助他在快要崩溃时保持冷静的东西。否则，就不能怪孩子在席间哭闹，甚至攻击跟他友好打招呼的亲朋好友。

CC每次跟着我参加大型家庭聚会都会烦躁，因为每次大人边吃边说就要几个小时。但她基本都能较有礼貌地全程坚持下来，不是她有多乖，而是每次发现她快要没耐心时，我便想些法子让她“再坚持”玩一会儿。

某次聚会上，我拿摆盘用的鲜花当作染指甲花给孩子们玩。发现这个游戏之后，已经开始暴躁得要哭、要抢、要打、要走的几个孩子，又乖乖玩了半个小时。

其实一旦你能够确定是什么导致孩子出现攻击行为和失控状态，大部分时候都能有针对性地去解决它。

很多时候，一旦大人的心态摆正了，“搞定”孩子其实很简单。只是大部分时候，我们并不能跳出失控状态做到冷静地解决问题。所以要记住，孩子不是“坏”，不是故意捣乱惹我们生气，他只是此时很艰难、很难过，需要我们帮助他渡过难关。

解锁“戏精”新技能，专治孩子不刷牙、不洗手

养孩子的过程中，各种鸡毛蒜皮的事情太多了，再看一集电视、再吃一块糖、外出非要买不该买的东西，非要抢不属于自己的玩具……这一地的“鸡毛”，若是件件都违背原则去妥协，孩子就没法管了；若件件都坚持原则任由孩子哭闹，当妈的也没法活了。

孩子的世界不是非黑即白，对于大人来讲，也不是规矩之外全是自由，自由之外都是界限。很多时候采用折中的方式也能巧妙地缓解僵局。

CC三岁之后我又解锁了一项新技能。不仅治娃有效，而且还能促进家庭和谐，所以我想分享给大家。

解锁的灵感自然又来自CC这个“麻烦精”了。这姑娘隔三岔五地就会抵触刷牙，从前遇上偶尔不配合的情况，我的套路是这样子：跟她生动地讲道理。比如，牙齿上爬满了小细菌啊，必须

请牙膏警察来帮忙！我们要刷得干干净净，帮CC把小细菌全部消灭掉！

通常这样讲，CC就会配合地刷牙了。

但是什么招数都如此——用多了就不好使。前阵子，这招完全没效果了，CC一副“死猪不怕开水烫”的样子：我就是不想刷牙……我不需要牙膏警察帮忙……我就想让细菌住在我的牙齿里……

没经过Horrible 3（恐怖的三岁），你不会理解这个阶段的孩子能有多执拗，分分钟让你有进医院的风险。

我也是“走投无路”了，被她逼得马上转变角色，秒变“小细菌”。

“小细菌”发出来自地狱的邪恶声音：“嘿嘿嘿，CC这个大坏蛋，终于投降啦！平时每天用牙刷和牙膏对付我们，她不刷牙真是太好了，以后再也没人赶我们出去了！”

CC一脸蒙，但是很快入戏，假装紧张地求救：“不要啊，妈妈快帮我刷牙，赶走它们。”

看她配合了，“小细菌”继续叫嚣：“呀，她怎么这么快改变主意了，这个小孩真是太讨厌了。”

听“小细菌”这么说，CC刷得更得意了。

等到刷得差不多了，“小细菌”又有话说了：“嘿嘿，把我们从牙齿上刷下来又怎么样？我们还是在嘴里啊，只要不把我们冲出去，口腔就是我们的天下。”

CC边笑边央求道：“啊……啊……快点，快带我漱口，我要把它们冲到地中海。”

在吐漱口水的过程中，“小细菌”也不消停：“嗷……CC这个小坏蛋真是太冷漠、太无情了，明明说了不再刷牙，说话不算数。啊！救命啊，下水道好黑啊……”

全程CC既配合又开心。

最近，这个“新套路”简直帮我找回了面对Horrible 3丧失的所有信心。而且，这种方法可不是C妈随便编造，而是有心理学依据的哦。

心理学家皮亚杰认为，幼儿期的孩子，特别是三四岁的孩子，（也正好是CC这个年纪），普遍存在一种独特的心理现象——泛灵心理。

就是说，孩子会把身边的东西都视为有生命、有思想感情和活动能力的。他们会跟玩偶谈心，跟布娃娃说话。这也是为什么一岁之后就鼓励孩子玩角色扮演的游戏，不仅可以强化规则认知，培养好的行为习惯和表达能力，也是孩子情感宣泄的窗口。

而父母“入戏”的方式，就像是角色扮演的加强版。家长用自己更为丰富的想象力、语言表达能力和戏剧表演力，让角色更加生动，孩子也能更加投入，你想要达到的目的也就更容易完成。

当娃不好好吃饭、不好好穿衣、不洗手、不珍惜玩具时，这个技能随时随地都能用起来。

随便来几段，各位感受一下！

CC有个不好的习惯，乱丢鞋子，经常东一只西一只，不管怎么强调，她都不会放好，常常气得我绝望。

化身“戏精”的C妈是这样子的：

左脚拖鞋：哎呀，我的姐妹，你在哪里啊？CC老是让我们分隔两地，我们真的好惨啊。

旁边的袜子：哼！你们有什么好抱怨的，有我惨吗？我的另一个兄弟，至今下落不明，它都失踪两天了，我也准备离家出走了。

CC听到这儿笑得前仰后合，自然也会非常配合地让两只拖鞋“团聚”在一起，然后再帮袜子找到它失踪的“兄弟”。

C爸一直有个规矩，出去玩一圈回来，第一件事必须立马洗手。

小孩子嘛，哪有那么自律，有的时候就不愿配合，拖拉拒绝，逼得大人忍不住大吼。

化身“戏精”的C爸是这样子的：

细菌A：嘿嘿，大拇指上的细菌，你是新来的吗?

细菌B：是啊是啊，我之前一直住在小狗身上，CC摸狗的时候，我就趁机爬到她手上了，你呢?

细菌A：我一直都住在楼下的单杠上，很久没人摸过我了，CC今天摸单杠，我就趁机爬到她的手上，把她的小手心搞得脏兮兮啦!

细菌B：嘿嘿，她如果不洗手，我们就可以趁她吃东西的时候钻进她的肚子里啦。

每次CC听到这些，就会义正词严地宣布：“不可以，我要把你们统统消灭掉！”然后非常认真地去洗手。

自从解锁了这个新技能，家中安宁了许多。

尽管我们一直强调，该立的规矩一定要立场坚定、鲜明，但对于不刷牙、不洗手、不吃饭、不整理玩具这类小行为，天天上纲上线吧，显得太严重；次次放任不管吧，又显得太放纵。刚好可以用这种折中的方式，既能达到目的，又不伤害亲子关系。

这是一个非常神奇的方法，孩子明明知道这是大人演的，但他却不觉得假，并愿意去配合；明知道是套路，却乐意被套路。一般一岁半以后的孩子都适用。

养娃没有千篇一律的方法，也没有适用于孩子的统一教材。大多是边摸索边前进，一路升级打怪，旧的方法失效了，就升级换代，妈妈的养娃路还很长啊。

当然，C妈还是要友情提醒，技能虽然好用，但不建议滥用哦。当常规的管教没那么有用的时候；当孩子调皮出了新高度的时候，当你的耐心没那么强大的时候，不妨偶尔改变一下管教方式，缓解一下焦虑的情绪。有松有紧，一张一弛，养娃也得讲究点弹性哦，不然一直绷着会很累的。

第三章

不吼不叫——这样跟孩子定规矩，孩子最不会抵触

你吼出的狠话多了，之于孩子，一开始可能会被你吓住，但是很快他们就会发现，这些威胁根本不会实现，你的话完全没有威信。之于自己，你会觉得不管放什么狠话，孩子都无动于衷，更糟糕的是，对于一些非常重要的话，他们也充耳不闻。除了发更大的火，撂更狠的话，你也不知道还能干点啥。

为什么你给娃立规矩总失败

每次说到养育孩子，立规矩，必然是众多父母都绕不过去的一件事。就像犯罪心理学专家李玫瑾教授所说：“孩子三到六岁，一定要性格培养到位。而所谓性格培养，就是给孩子立规矩。”

不过，我经常看有爸爸妈妈给我私信说：“立规矩根本不管用！”

经常跟孩子制定规矩时说得好好的，但是当孩子触犯了规矩，该他承担后果的时候，又是哭又是闹，最后只好作罢。其实，很多时候无法执行的原因，不是孩子难管，而是规则设置得不合理。立规矩，比执行更重要的，是如何正确设置触犯规则的后果。

给孩子制定一套合理的规则，你真的会吗？

1.自然后果与逻辑后果

首先，我们要明白，给孩子立规矩最重要目的是让孩子明白做一些事情的后果。帮助孩子用好的行为取代不好的行为，帮孩子培养一个健康的习惯。

常见的后果分为两种：自然后果和逻辑后果。

(1) 自然后果

孩子的很多行为都有其自然后果：

晚饭不好好吃，夜里就会饿；

天气很冷，出门不穿外套，就会冻着；

骑自行车玩“漂移”，就会摔倒。

孩子只要真正经历过了，就会明白这件事的后果，也就有了经验。

不想挨饿，饭就会吃饱；

不想受冻，出门就会穿上外套；

不想摔疼，就要降低运动风险。

对于这类行为，你不需要苦口婆心讲大道理、立规矩。只需要提前跟孩子说清楚可能的后果。

如果他坚决不听，到时候你坚持别心软妥协就成。当然，也别“火上浇油”，只需要耐心地安慰并陪伴孩子，陪他接受后果就好。我们和孩子不是敌人，父母永远不要让孩子觉得你是故意在针对他。

(2) 逻辑后果

不过，有些事情的后果没有那么明显，或者承担后果的代价是巨大的：

玩完玩具不收拾，没什么直接后果，但会养成懒惰的坏习惯；

孩子如果早上不刷牙，直接后果是龋齿，我们不可能等着它发生。

这些就需要大人的参与，设定一些“逻辑后果”来限制孩子，给他更合适的选择来代替糟糕的行为。这才是立规矩的重点。

不过，在设定“逻辑后果”的路上，有很多陷阱和误区，我也带CC走过不少弯路。

2.如何制定孩子心理上能接受且可实施的有效方案

一时冲动之下想要定出合适的“逻辑后果”很难。

当被娃的各种行为气到恨不得原地爆炸时，你很难保持冷静和理智，脱口而出的规则大多也是报复性的。为了保证执行的有效性，合乎逻辑的结果应该具备这四个条件。

（1）因果要相关

如果设立的规矩和相应的后果之间不相关，那娃就会感觉莫名其妙，所以悔改性就差。

比如CC不好好写作业，那么延长她的写作业时间，减少她完成作业后的玩耍时间就是相关的。但“如果不好好写，今天就不允许看电视”就是不相关的。

事实上我们经常犯这个错，“不好好吃饭就不让你看电视了”“不收拾玩具就不带你出去玩了”，这都是不相关的典型操作。

（2）规则要明确

一定要明确规则，并且告诉孩子这个规则是为了什么。

比如，在给孩子制定每天刷牙的规矩时，可以告诉孩子："这是为了你有一口好牙，如果牙坏了，就会很疼，还要去拔牙，那什么蛋糕都吃不了了，这是为了你永远都能吃蛋糕哦。"

规则越明确，你越能始终如一地强化，孩子就越容易满足你的期望。而且在惩罚时，也一定要提前和孩子说清楚，要不然在执行的过程中，孩子根本不知道错在哪儿。

(3) 惩罚要合理

有的妈妈为了让娃好好地守规矩，往往会设计不成比例的后果。

今天要不吃晚饭，一周都不许看电视了；

玩完玩具不收拾，以后再也不给你买玩具了。

首先，这么严厉的剥夺和惩罚会让娃很难接受，容易出现严重的抵抗心理。其次，夸这么大海口其实最后打脸的是自己啊！试问，你真的能做到吗？打脸太快的后果就是，娃一边觉得你不近人情，一边不把你立下的规矩当回事。我们给娃立规矩，一定要在自己可执行的范围内，要在孩子能接受的范围内。我们的目的是帮他们养成好习惯，而不是惩罚孩子。父母作为成年人，一定要理性地思考这个规则的合理性和可行性。

前段时间有位妈妈留言："C妈，我跟娃约定好了规则，每次执行他都要赖。"

我问她是什么规则，她说："娃做数学题总是不认真，我就跟他约定：错一道，重新写一页（三十道）；错两道，写两页。他错了三道，还没说让他写，他先哭起来了，然后哭着闹着不肯写！"

要换作是我也会哭，这样的惩罚太过了，不是吗？虽然约定的时候孩子自己也答应了，但是大多数孩子对自己能力的预估完全不准确，当初的同意约定，也许只是他“以为”自己能做到。咱们当妈的不能自己给孩子挖“坑”，看他往里跳啊。他跳完反悔了，你还反过来怨他说话不算话。事实上，本来设置就不合理啊。千万不要因为孩子会同意就诱惑或是逼迫他许诺。

“今天不遵守规则，明天就再也不看电视了”“错一道题就惩罚重新写一篇”，即便孩子主动说出了这种话，你也不能真的就纳入规则中。如果你因为他说话不算话而生气了，那我只能说：清醒点吧，成年人！你又不是三岁孩子。

（4）尊重孩子

任何管教的终极目标，都是给孩子提供一个从错误中吸取教训的机会，而不是打击他的自尊心。所以C妈很反对给娃制定的规则是“不听话就关小黑屋”“面壁”等类似会打击娃自尊心的行为。这很容易让孩子因为难堪产生负面情绪，并开启自己的防御机制，最终达不到规范行为的目的。

3.当孩子触碰规则后

最后，再来说说当孩子触碰了规则后需要注意的两点。

（1）要执行后果，也要温柔以待

孩子还小，他所做的一切行为都是因为他的理性思考能力还不成熟，所以生气和批评毫无意义。爸爸妈妈只需要心平气和地告诉他，他触碰了规矩里的哪一条，所以要接受什么样的后果。如果孩子反抗，你只需要温柔而坚定地坚持，可以通过共情帮助他一起度过。

“我就要再看一集。”

“宝贝，妈妈知道你很想看。但我们约好了，如果你当天非要多看一集，第二天就要少看两集。昨天你多看了一集，所以今天只能看这么多了，妈妈知道你很难过，妈妈可以陪你玩会儿别的。只要你今天遵守了，明天还可以看三集哦。”

(2) 不要延迟惩罚

当孩子触碰规则后，一定要立即告诉孩子，他哪里触碰了规则，而且告诉他会有什么样的后果。不要让孩子触碰规则时毫不知情，等到了该接受后果的时候再告诉孩子。

这样一定会和孩子产生争执，因为他会以为你在故意针对他。一个好的规矩可以不伤筋、不动骨，春风化雨般地改善孩子的不良行为。立规矩真的是一门很深的学问。

跟孩子说“不”，才是这世上最深的套路

孩子一岁之后，妈妈们使用“不”这个字眼的频率噌噌往上蹿。

不许扔！

不许抢！

不许打人！

不许没礼貌！

不许动！

哎呀，吓死宝宝了，还能愉快地谈话吗，还是亲妈吗？

其实拒绝的语气完全不必那么生硬，在跟孩子说“不”这件事上是有技巧的。

1. 如果可预见的后果是说了等于白说，不如不说

不允许处于口欲期的孩子咬玩具！

带孩子下楼去玩，不许他疯跑！

孩子没得到想要的东西，不许他哭！

这种制止本身就是反天性的，不是不能说，只是说了也是白说，还显得自己特别不懂事，特没人情味，何必呢！

2.换个思维，不可以变可以，so easy

“正面管教”的方法强调：在家庭教育中，要强化孩子正确的行为，弱化他错误的行为。

“不许打人”可以变成：动手解决不了问题，我们用嘴说。

“不许大喊大叫”可以变成：你这样喊叫，妈妈的耳朵会不舒服，可以恢复平时的音量吗？

“不许看电视了”可以变成：这个拼图我怎么都拼不上，你要不要来帮我，一起完成？

想制止某个行为的时候，说“不”并不是唯一的选择，甚至它应该是最后的选择。即便说“不”，也不要简单粗暴地命令：不允许、不可以！而是告诉他：不做这个，可以做些什么。用正确的行为去代替错误的。

3.凡事都有前提，解释“不许”不要含糊

如果确实是不允许的，要跟孩子解释清楚。很多妈妈看见自己家的孩子打人，或者抢别人的玩具，就会赶紧上来制止：不许打人！不许抢玩具！但对于一个三岁以下的孩子来说，这样的限制太笼统了。

不许抢玩具，当下的情况是成立的。但今后当他自己的玩具被抢走的时候，要不要抢回来？公共玩具轮到他的时候，他可不可以理直气壮地争取？

小区里不太相熟却也天天见面的大妈喜欢孩子，想要抱抱他，孩子没礼貌地对人家又踢又打。你警示他以后不许对大人没礼貌，那以后遇见坏人，要不要反抗？再说打人，如果孩子记住并遵从了“不许打人”这句话，那以后被别人打的时候，要不要还手？

孩子慢慢长大，需要面对的情况会越来越复杂，别觉得那些复杂的情况可以等到孩子长大再去一一解释，再去教他具体情况具体分析。很多行为和观念在初期一旦被限制和禁锢，长大后就很难自由了。所以说“不”的时候，一定要给孩子把客观原因讲清楚：

因为这个是哥哥的玩具，所以你不能抢，就像你的玩具别人也不能随便抢一样。

这是豆豆的奶奶，小孩子不能没礼貌，不想被抱的时候，是不是可以跟奶奶握握手？

养育孩子早期，笼统的“不许”越少越好。

4. 吼出的狠话是自己给自己挖坑

当一个人恼羞成怒的时候，特别容易给自己挖坑。

比如，当孩子乱扔玩具，而你阻止不了的时候，很容易吼出这么一句狠话：“不许再扔玩具，再敢扔，我就直接给你扔窗户外头去”。

诸如此类的，还有再怎样怎样，我就不喜欢你了、我就不要你了、我就再也不带你出去玩了……真的很像三岁孩子跟两岁孩子之间的对话。很多时候，在两岁的孩子面前，我们的情商真的就只有三岁。

你吼出的狠话多了，之于孩子，一开始他可能会被你吓住，但是很快他就会发现，这些威胁根本不会实现，你的话完全没有威信。之于自己，你会觉得不管放什么狠话，孩子都无动于衷，更糟糕的是，对于一些非常重要的话，他们也充耳不闻。除了发更大的火，撂更狠的话，你也不知道还能干点啥。

5.让孩子看到你的坚持而不是你的愤怒

幼儿教育里有一句话非常出名："拒绝孩子的时候，要做到没有敌意的坚决。"我亲自试过后才发现，这句话只是看上去很美，实际上很难做到，可能是我道行不够吧。

对我来说，坚持本身就是一种敌意了。后来为了达到看上去很美的效果，我学会了"笑里藏刀"。是的，坚持就是"刀"，笑，不过是帮忙掩饰敌意。就比如最近的洗手事件。

CC每天放学都要在楼下疯跑一阵才回家，天气热起来以后，吃冰激凌也就被允许了，回到家的程序是脱鞋—洗手—吃冰激凌。刚开始的那几天，她脾气急得很，进家门一秒都不想等，直奔冰箱就要立刻去拿冰激凌。让她先去洗个手，她是一百个不情愿，又哭又闹的。其实每次我都想爆出口的是："别那么多废话，快去洗，要不，不许吃冰激凌！"但我也知道，谁也不能否认冰激凌对一个孩子的诱惑力。

所以，就只好强忍着火气上演一出“笑里藏刀”了：

我：“洗了手就可以来吃冰激凌了。”（一脸假笑）

CC：“我不，我现在就要吃！”（耍赖）

我：“我知道你很想吃，可是手很脏，需要先洗手。”（严肃脸）

CC：（开始哭）“妈妈，我太想吃了，我等不及了！”（苦情戏）

我：“我知道你很急，你越快去洗手，就可以越快吃到哦。”

CC：“我就不去，我就要先吃！”

我：“好吧，也许你不太想吃冰激凌。”（严肃脸）

CC：“我就想现在吃！”

我：“那现在去洗手，冰激凌就在这等着你。”（坚持）

CC：“你帮我看着它，别吃我的。”（识时务者为俊杰）

我：“好！”

……

CC：“我洗好了。”

我：“嗯，还用了香皂，又干净又香，冰激凌在说，我已经等不及了，快来吃我吧！”

当没有敌意的坚决遇上“笑里藏刀”，你会发现自己的修养和情商好像真的高了那么一点点。

当你想给孩子建立一个好习惯的时候，初期的坚持真的很重要！每次都铺垫这么一大段废话确实很耗脑力，但是，还是要坚持，因为规矩立下了，习惯养成了，以后就会很省事。至少你不用整个夏天都追在他屁股后头，为回家第一件事是先洗手，还是先吃冰激凌这种小事争执和发怒。拒绝孩子的时候，让孩子看到你的坚持，而不是你的愤怒！

很多人都表示当了妈都不敢说话了，说重了怕给娃留下心里阴影，说轻了又觉得不管用。养个娃养得都想去修一修人际关系学了，跟孩子斗智斗勇的过程中，自己的智商、情商也是直线上升啊！不知道怎么跟孩子说“不”的家长，不妨试试以上这几种方法，也许你就会发现“孩子真的变听话了！”

如何既能利用好电子设备这类工具，又能教娃守规矩

有些妈妈反馈：使用电子设备给娃启蒙长知识，但又担心会和娃上演关电视或手机的拉锯战。因为娃好像看多少都觉得不够，即便有时候明明已经协商好了，但每次关机时娃都要哭闹一场。

其实，电子产品并非洪水猛兽，相反，如果使用得当，它会是你教育孩子非常有力的工具。

不夸张地说，CC有一半的自律能力，都是通过跟动画片、巧克力等具有诱惑性的事物不断斗争磨炼出来的。

对于没看过电视或手机的娃，没法判断他的自控力如何；对于迷恋电视或手机的娃，能遵守规则主动关掉，说明他练就了很好的自控力！那么，如何利用好“电子设备”这类工具教娃守规矩？

1.立什么样的规矩

其实很多父母给娃使用电子设备之前，都没有认真思考过正确的使用方式。大部分人给孩子看电视或手机，就是任由孩子一集一集地往下看。待到时间差不多了，过来关机收场。但大部分孩子会哭闹，因为站在孩子的立场看，家长太武断了。所以，给娃看电子设备前，先立好规矩，才好行事。

每个孩子与每个家庭的具体情况不同，我的做法是这样的。

（1）吃饭时间绝不看电子设备

如果正在观看较短的节目，可以等待孩子看完；如果是较长的，先暂停。如果孩子偏要看，那么晚饭不等人，他就没有晚饭吃，也不准吃零食。

（2）每次观看时间不超过半小时

具体为：英语在线课一节（其他益智游戏每日一练时间也差不多）；动画片每集约20分钟，如果是《小猪佩奇》那种短的，可以增加集数；儿歌10首。如果超时，比如偏要连看两集动画片，那第二天看动画片的时间取消。

（3）屏幕时间每天最多三次

CC可以自己选择具体次数和时段（有些时候她会忘了看够三次）。如果她非要多看几次，那么第二天的屏幕时间全部取消。

在制定规则时，我们不妨和孩子一起商讨。心理学表示，如果规则是双方协商认同的，孩子明白制定规则的目的和原因，就会更愿意为自己负责，养成自律的习惯。还有一个要点是，要注意根据孩子的认知水平，做到表述清楚，执行清晰，这是让规则执行顺畅的一个前提条件。

比如，我与CC约定的第二条“半小时的时间”，是大人心目中的标准，但孩子通常没有时间概念。而且，看电视按时间卡点本来就不合理。约定的时间到了，电视却正演到最精彩处，强行关机，换你不闹？所以，最好的方式是根据时间换算成孩子能理解且更容易执行的计量方式，如几集、几节课、过几关。

2.怎么帮娃遵守规矩

规矩立完了，想让孩子做到知行合一，在执行过程中多少都会和孩子擦出点火花。我们完全可以利用电子设备，帮助孩子理解契约精神，锻炼自律性，以及为自身行为承担相应结果的责任感。

不得不承认，一切令人身心愉悦的东西，多少都有那么点让人欲罢不能的属性，比如看电视、吃甜品。而我们育儿的目标，就是通过锻炼孩子的这些反天性的能力，和他的欲望斗智斗勇，最终锻炼出属于他的自律性，真正学会享受，而非沉迷。

孩子初期自制力的强弱，很大程度上是取决于父母的。所谓“帮娃遵守规则”，只要我们合理引导，就是在训练娃的自制力。

所以，父母的立场不是站在孩子的对立面，像警察盯小偷一样，时刻盯着孩子的行为，而是应当与孩子站在一边，帮助他学习如何抵抗那些诱惑。

具体可以帮孩子这样做。

(1) 倒计时提醒，帮孩子的大脑顺利完成过渡过程

很多时候孩子看得忘乎所以，恐怕对约定也会抛之脑后。所

以，很多时候，明明知道妈妈有理，自己不对，从心理上也很难平静地接受。研究表明，当你想让孩子停止做某件事，尤其是想让他从一件喜欢的事过渡到不吸引他的事情时，用“倒计时提醒”可以缓解过渡带来的痛苦。

如果你想让孩子看完五集《小猪佩奇》后关电视，可以在播放第三集时来一次倒计时，在播放第四集时每半集来一次倒计时，在播放最后一集时每隔两分钟来一次倒计时。你每一次提醒，孩子都会听见他下一步即将做什么，他的大脑便会对下一步的事情自动产生一幅图像。甚至在他自己都没有意识到的情况下，他的大脑就习惯了这个过渡。当你说“五集时间到”的时候，孩子便已经习惯了按你刚才的要求去做，不管你提的是什么要求。

（2）培养电子设备之外更有趣的活动

孩子们为什么抱着手机或电视不肯放手？

因为好玩。因为关掉电视，没有更好玩的。

我们与孩子约定的规矩，不是仅仅为了让他遵守而遵守，而是为了让他更有意义地生活。所以，让孩子远离手机和电视最重要的一件事就是，帮孩子发现更好玩的。比如，陪娃做游戏、读绘本、搭积木……

比如CC最喜欢的活动是读绘本。即使她正在看电视，我跟她说：看完这集，妈妈给你讲这本新故事书好不好？她也会果断选择绘本，放弃电视，这就是兴趣的力量。

3.孩子不遵守规则该如何处理

当然，并不是所有的正向引导都能达到目标，所以，当孩子无视或破坏规则时，我们就需要有所作为，以此让孩子明白规则的意义。规则一旦定好，而且孩子也认可，就一定要执行，如果不遵守，就一定要让孩子承担违反规则的后果。

（1）让孩子承担行为后果

最早CC看电视不能自我约束，违反规则的时候，我就会执行违约条款，让孩子明白她要承担“行为后果”。一开始CC也会哭闹，这时我会安慰她、鼓励她：“下次如果好好地遵守约定，还是可以看的，我们下次再加油好不好？”

坚持不妥协的过程时，让孩子觉得你的情绪是平和的，你的行为是没有针对性的。让规则在上，你跟孩子都在下。这样在孩子眼里，你就不会是那个让他看不成电视的“罪魁祸首”。

所以每次看完约定的动画片集数时，CC都会着急地呼唤我，帮她关掉投影仪。因为，我不是“敌人”，我是跟她一个阵营，帮她一起遵守规则、控制欲望的“战友”。

（2）对于尖叫和反抗，无须过度反应

一部分脾气大的孩子，可能会因为你的限制，用尖叫或坐在地上哭的方式来对抗你的指令。

每当孩子犯规时，我们需要保持冷静，冷静，再冷静，千万别打骂孩子。此时，不要过度干预，而是忽视这些行为，即完全不给他任何注意，不去看他，也不做任何反应。用坚定认真的表情——瞪眼、稍低下头及加上手势向他说“不可以”。如果孩子主

动停下来，可以称赞他；如果不停下，你只管温和而坚定地坚持你的原则。

使用电子设备，是让娃沉迷放纵，还是对他自控力的训练，全看大人如何干预。无论是使用电子设备，还是其他的育儿琐事，规矩都是必须立的，加以引导，孩子才会慢慢知道自己什么时候该做什么。规矩立久了，执行严格了，慢慢地，孩子就养成了一种自觉。孩子不仅不会沉迷电子设备，反而能因此获得强大的自控力。

愿我们都有一个会自己控制时间，能自己主动关掉电子设备的孩子。

为什么约定的事，孩子总要跟你磨一磨

每次说到立规矩，大部分人想到的都是两个字：限制。而说到“限制”二字，大部分人想到的都是坏事。比如，无节制地看电视、吃糖、不刷牙、不收玩具、不睡觉，诸如此类。

然后我们发现，规矩立得这么明白，执行得也很到位，为啥娃还总是磨来磨去、明知故犯呢？当然，反反复复是孩子的天性，谁也明白不能指望十次八次，甚至百八十次孩子就能记得明明白白并执行得滴水不漏。但很多时候，孩子表面上在“坏事”上破的规矩，恰恰是你在“好事”上放的水。

我第一次知道，好事也能坏规矩，是因为读绘本。

CC从小就特别喜欢绘本，一度我也是骄傲得不行，别的娃拽都拽不到跟前儿的时候，CC却缠着我一口气读10本还不够。起

初，我特别激动，上天赐我这么爱看书的孩子，我这是积了多大的福啊！

但是，慢慢地，事情变得不一样了。我们讲故事大都是睡前，如果睡前故事时间过长，必然影响入睡时间。起初我们可能说好了只讲五本。讲完之后，枕边的CC撒着娇说："妈妈，这故事太好听了，我还要再读一本。""好，那就再看一本……"再看时间，已经不早了，然后我开始拒绝："不能再看了，太晚了要睡了。"CC居然开始可怜巴巴地哭："我就是想看看书嘛……"一心以娃爱看书为傲的妈妈，怎么好意思拒绝呢？直到最后等她困得睁不开眼了，在故事声中，睡着了……

终于有一天晚上，连续讲完十来本，我已口干舌燥，CC终于睡下之后，我突然觉得哪里不对劲：娃爱看书是好事，可为什么我有种被这种好事绑架的感觉？就因为爱读绘本在我眼里是"好事"，所以我一次又一次地妥协，一次又一次容她破坏之前说好看几本的约定。

于是，我们家新增了一条规矩：睡前故事，根据上床时间约定好读几本就读几本，不得追加，不能影响入睡时间。否则任凭怎么哭闹，都不再给讲。当然，CC可以自己选择读哪几本。

某天我妈来我家，刚好看到CC睡前正一哭二闹地在争取再看三本的权益，当她知晓我家的新规矩之后，气急败坏地把我这种行为定义为"作"："人家都是上赶着培养娃看绘本，你倒好，娃哭着喊着要看书，当妈的还得限制着。生了个爱看书的娃一点都不珍惜，你就作吧！”

听起来我是挺作的。但是，在立这个新规矩之前我仔细回忆了一下，自从CC睡前看书无节制以来，她在其他方面的耍赖表现，竟然跟央求着看书时如出一辙。

比如，从前说好周末看一部电影，一直执行得好好的，后来她看完了电影还会央求我再让她看一集动画片；或者，说好了看两集《汪汪队立大功》，结果看完了还要磨着再看一集。我告诉她不行，时间太晚了，她还知道谈判，退一步继续央求：“要不再看一集《小猪佩奇》，《小猪佩奇》很短”；再或者，说好了一次只能吃一颗泡泡糖，还没嚼两分钟就说再要一颗，非说自己吃的这颗不甜了，保证再吃一颗就不要了。但真给她一颗，她吃完了还会要！

要知道，CC从前可是个执行约定几乎从不拖泥带水的娃！长大了，心思多了自然也是一方面原因，但是跟睡前看绘本无节制、屡屡打破约定，绝对也脱不了干系。你不能期望在“约定看绘本数量”这件事上没有自控力的孩子，在看电视或者吃糖方面就平白有了自控力。

在大人眼里这些事兴许有好坏之分，孩子可不是这样区分的，在他们眼里，这都是他们喜欢做的事：喜欢看书，喜欢看电视，也喜欢吃糖。既然看书这件事磨一磨可以得来很多福利，那么看电视、吃糖果为什么不试试呢？

而且，对于CC个人来说，看书也是逃避自主入睡的一个好方法。CC从小最讨厌的就是睡觉，而争取睡前故事，既可以拉着妈妈做自己喜欢的事（听故事），又可以逃避自己不喜欢的事（睡觉）。

我只看到了她喜欢看书这件好事，却没看到逃避睡眠这件坏事。如果不主动去干涉和拒绝，那么这种情况只会愈演愈烈。所以，即便眼下这件事是对孩子有益的事（比如看书），也不是可以破坏规则的理由。因为，所有你在好事上做出的让步，都是给坏事铺的垫脚石。

否则，你很快可以遇见若干年后的孩子习惯性地说：

妈，我要写作业，不洗碗了；

妈，我明天要期末考试，你帮我把衣服洗了。

可是，做好一件事，不是逃避另外一件事的理由。我们去做一件正确的、值得的、重要的事，不代表就卸下了其他工作或义务。所以，千万别觉得某件事是好事，就可以无限制地纵容，不然，更严重的可能还在后面：

老婆，最近工作业绩压力大，管孩子、操持家务的事儿就由你负责吧；

老婆，我又准备晋升了，又累又忙，带娃活动就别安排给我了，你带孩子玩吧。

那么慢慢地，日子真的会过成有人抱怨的那样：丈夫变成了除了挣钱，什么都不管的甩手掌柜，油瓶倒了视而不见，孩子哭了听而不闻，而妻子偏偏又抱怨不得，只能心中委屈。

造成这种情况的原因，就是丈夫觉得自己做好了挣钱这件事，就可以不去承担家庭中的责任和义务了。这些类似的情况绝对不是健康的亲子关系、夫妻关系。

所以，一定要在小的时候就让孩子知道：谈好的规矩就是规矩，不论是什么事，双方都要遵守约定。需要你独立完成的任务、承担的责任，就要去完成、去承担，不要找借口推托。

父母这样立规矩，温和又有效

走过了一岁之前屎尿屁奶的基础养育，在CC一岁之后，我养育CC最大的困扰之一就是关于“设立规矩”。我不想成为一个天天跟娃搞对立、所有规矩一律强制执行的专制妈妈，但是，我也不希望一味地温和纵容孩子成为一个“熊孩子”。

但“立规矩”和“温和有效”这两者似乎天生水火不容。

每当你设定限制的时候，伴随而来的一定是哭闹和发脾气，看着娃哭得那么可怜兮兮，你甚至会质疑自己。毕竟，身旁总会有人提醒你：他只是个孩子，他还小嘛……

如果你既希望立规矩的过程温和，又希望立规矩的结果有效，那这篇文章一定能帮到你。

有效而温和的“立规矩三部曲”用起来！

1.评估情况

(1) 评估是否必要

当我看到CC做一些看似错误的事情时，我首先会问自己：此时限制是否真的有必要?

这个问题很重要。因为作为父母，我们总希望一切都在掌控之中，但事实证明，真的不是所有限制都有必要。

比如，娃打人，这个是必须禁止的。但是娃拿着可水洗颜料在桌子上涂抹，可能就没必要限制——我大可以在他尽情创作完之后，带他洗手，一起擦桌子。

当然，这一点每个人心中的准则都不同。重点是，如果你的规则太多，孩子一整天都生活在各种否定、各种限制中，那么他就容易情绪崩溃，更容易出现反抗和不服从。所以，我们仅设立必要的限制。

对我来说，最重要的规矩是关系到CC人身安全和尊重他人的事情。只要她的行为不打扰其他人，我就会尝试灵活处理。

(2) 评估你的期望是否符合娃的年龄

比如，期待一岁多的孩子在外出就餐期间，无比配合地坐在儿童椅里等待漫长的上菜时间，这就是不合理的，他们不可能做到。所以，每次给CC设置限制时，我总是提醒自己这一点：如果规矩不适合孩子的年龄，那么执行起来不仅毫无意义，反而两败俱伤——孩子歇斯底里地哭闹，大人也崩溃。

(3) 分析行为背后的原因

孩子不守规矩，通常有以下几方面原因：

①不理解规矩。大人很多习以为常的规则，孩子也许是不知道的。比如，不明白为什么要排队，不理解为什么别人正在玩的玩具不能抢，不知道饭桌上敲敲打打不礼貌。

②理解规矩，但不想或不能执行。有时候哭闹是因为饥饿或过度劳累；有的时候调皮捣蛋是因为被忽视，孩子想要吸引大人的注意。此时就算孩子明白，也不想或无力遵守。

③故意挑战底线。如果你能找出原因（尤其是前两点），并有针对性地解决，你会发现，很多负面行为都可以被扼杀在摇篮中不会升级。

（4）实例演示

情景：外出就餐，常常看到大人们在说话时，有的孩子拿着勺子大声地敲盘子或者碗。

①评估情况是否必要：这种行为是需要制止的，因为这是一种不礼貌且打扰到他人的行为。

有效的规则是：在公共场合、在别人谈话的时候，不能如此喧哗吵闹。

②评估期望是否符合孩子的年龄：可能会有一部分善解人意的家人会安慰你“孩子还小嘛，调皮点是正常的”。但是，对于一岁之后的孩子，是应当开始立这个规矩的，虽然他遵守起来会有点难度，但是绝不应该默许、放任不管。

比较合理的期待是：规矩一定要立，但是不能强求有立竿见影的结果。

一定要让孩子知道，在这种场合，敲敲打打、打扰别人是不被允许的。如果他继续敲，会被没收餐具，会被抱下餐椅。但在执行之前，我们不能忘了判断原因。

③判断原因

对于一个一两岁的孩子来说，大人们的讲话他会觉得太无趣了，他一定要找点乐子。大部分原因是漫长的等待过于无聊，或者感觉大人都在聊天，自己受到的关注不够。

后来我发现，很多时候一旦找到了原因，就可以找到让孩子停止不良行为的方法。当我陪逛一圈，带CC回到座位，她不感觉无聊之后，再跟她强调“勺子是用来吃饭的，我们轻轻地吃饭，但不要敲来敲去”，她欣然接受了。当然，也有很多时候不会，那么就到第二步。

2.设定限制并接受感受

这是最困难的一步。

还拿敲打盘子举例，如果排除了不是无聊或求关注，就是想要捣乱，不让大人好好说话，那么这就是必须制止的行为。在确定限制是必要的，并且需要强制执行之后，就正式进入“温和而坚定”的节奏了。

我会坚定地告诉她：勺子是用来吃饭的，不可以敲盘子和碗，在别人吃饭、谈话的时候制造噪音。

比较理想的情况是，她稍做反抗就理解并接受了规则，但更多时候她会抗议、哭闹，甚至大发脾气。

这个时候我会把她抱离现场（毕竟公共场合没有办法管教孩

子，周围的“观众”也会纷纷劝你息事宁人），但这个关键时刻，是最不能妥协的时候。否则等待你的，将是一个专门在人多场合撒泼耍赖的熊孩子。

温柔的养育并不意味着孩子不必遵守规则或父母不设定限制，只不过是设定限制的方式有区别而已。孩子抗议大人设定的一些限制是正常的，所以我们的工作是一遍又一遍地解释并坚持规则，并确保他们遵循。重点是让孩子知道，我们允许他生气甚至发脾气，但这并不意味着允许他行为不端。

“妈妈也知道你很生气，但是，我们真的不能乱扔勺子，谁也不能。如果你可以做到，我们就回去继续吃饭，如果不能做到，妈妈就陪你直到冷静下来。”

在哭泣或发脾气的时候，孩子的情绪脑占主导，他的大脑无法思考。你不能要求孩子在感觉糟糕的时刻，还能表现得很好。所以此时讲道理没有意义，你只需要通过温和但不妥协的安抚，等待艰难的时刻过去，其间可以友情赞助一个抱抱、一个亲亲。

让孩子感受到，即使妈妈不能接受他的行为，但妈妈总是接受他的感受。

3.寻找更好的解决方案

等到孩子冷静下来，下一步，我们就需要通过复盘整个事件来巩固规则，并商议下次如何做得更好。这是很有必要的一步，我们成功制止了不良行为，就算孩子明白规则是对的，自己是错的，也难以消除对执行者（也就是我们这些“老母亲”）的不满和对立。

很多妈妈都怕给孩子立规矩，会破坏孩子的安全感，跟孩子生了嫌隙，怕孩子开始讨厌自己。但亲身经历告诉我，平时与孩子保持“同一阵营”也是机智妈妈的必备技能之一。是的，大多时候还是要做孩子的“盟友”。

“刷完牙就该睡觉，不能再吃东西。今天已经刷过牙了，就不能再吃苹果了，是不是？不如我们想想下次怎么避免呢？不如下次刷牙之前，你先想一下还有什么想吃的好不好？妈妈也可以提醒你，香蕉、苹果、猕猴桃统统想一遍怎么样？”

通过一起找办法解决问题，无形之中，你就从孩子的对立面，站到了他的同一阵营。你不是针对他在立规矩，而是规矩就在那里，你是帮他一起有效遵守，同仇敌忾。

既想要温和，又想要立规矩，并非不能兼得。

比起揍两巴掌让孩子屈服，或者撂下一句“我说不行就是不行”让孩子哭到妥协，全程温和地坚持需要更多的耐心，但是，这种付出绝对是值得的。太过强硬换来的只是孩子一时的屈服，还需要你没完没了的监督，而且敌对关系也不会是好的亲子依恋关系。如果每次给孩子立规矩，都能按这几步操作，过不了多久，就会把它内化成一种习惯，帮助你保持冷静，实现温柔！试一试吧！

第四章

不恼不怒——父母这样做，孩子自律又独立

安全感缺失一定会影响孩子的学习能力。这也是为什么家长越发火，孩子越叛逆、不配合的原因。你关注的是事情本身，孩子关注的却是你。所以，当你想让孩子积极主动地去干某件事的时候，不是催他，而是应该用平和的心态等待他。

孩子磨蹭，为什么越着急越不能催

不知道你有没有被孩子的磨蹭逼得要发疯的时候，自从CC上了幼儿园，我隔三岔五就感到心累。老实说，她上幼儿园之前，我从未觉得她磨蹭，首先我自个儿活得比较随性，有的是时间跟她耗，也有的是耐心任她磨，有的是温和而又不失坚定的方法。但是一入园就变了，这厢眼瞅着就要迟到，那厢她“老先生”还四处闲晃各种不配合，在时间的步步紧逼下，再好的耐性也磨没了。所以，最开始上幼儿园的日子，我们家每天都在鸡飞狗跳和大呼小叫中度过：

起床了！起床好吗？你到底起不起床？

快点过来！我帮你刷牙！（不要！）

马上要迟到了！拜托你快点穿上鞋子好吗？（磨磨蹭蹭）

您能走快点吗？一步三回头的在看什么？

她变成了最讨厌的孩子：磨蹭、顶嘴、不配合。

我变成了最讨厌的妈妈：唠叨、威胁，甚至嘲讽。

我深知不能再这样下去，所以在接下来几个月的磨合中，我终于找到了孩子磨蹭的“正确打开方式”。正式讲方法之前，先来说说孩子为什么总是磨磨蹭蹭，说不定你误会了孩子很多。

1.孩子磨磨蹭蹭的原因

（1）发育的必经阶段——执拗期的磨蹭

执拗期，经历此阶段的孩子特别较真，凡事都要自己做，还要按自己的想法做。那时候CC每次出门穿鞋都像度劫。首先选哪双就要纠结很久，然后左脚右脚还要琢磨半天，好不容易决定开始穿了，翻来覆去穿不进去，气得扔出去再捡回来继续穿，你想帮她，她还发脾气。没点心理素质真看不了这场面，看得你百爪挠心，后来我干脆不看了，每次出门先背过身，让她跟鞋子解决一下“私人恩怨”。

这种情况在大人眼里也是磨蹭，但是因为处于执拗期和不熟练，这种慢是孩子正常的节奏，我们应该多给予一些耐心和时间。

（2）慢是因为不知道为什么要快

大多数的孩子都没有成人那样的时间紧迫感。

你觉得再晚10分钟就迟到了，他却在这10分钟里优哉游哉到处闲晃。这种节奏差常常是孩子惹恼大人的导火索，慢不是最可气的，最可气的是你都火烧眉毛了，他还“装”没事儿人。

但孩子真不是装，很多时候孩子不着急，是因为他并不知道如果把一件事尽快做完之后会有什么更好的结果，他只是在延续着从前的习惯而已。尤其是节奏的突然改变，比如突然上幼儿园或者某天突然着急去某个地方，或者妈妈突然想睡觉，他还想继续玩。这些情况不是孩子慢了，只是没有按照你的节奏快起来。

(3) 磨蹭有时候恰恰是因为注意力非常集中

有次带CC去海洋馆，有个小朋友在每一种海洋生物面前都要停留很久，每看一会儿，妈妈就催她："快点儿，前面还有更好看的。"催过了几次没有效果，妈妈彻底急了："这些小热带鱼有什么好看的，哪儿都有，咱们快去看海狮表演，再晚就来不及了。"

发现了吗？很多时候孩子不接受你的指令、故意拖延，恰恰是因为他正在专注于某一个事物。他很难或者很不情愿从当下的事情中抽离出来，去做父母认为该做的事。

又如，不要看书了，该睡觉了；放下拼图，该去幼儿园了。

要知道当孩子专注于某件事时，贸然地打断必然会让他们反感，甚至愤怒。

(4) 孩子天生的性格气质

我一位朋友的女儿，做事慢条斯理，一口饭至少能嚼20下，一个小发卡至少要卡五次才能卡到自己满意。即便被妈妈风风火火地拎出门外，也会顺势挣脱，摆好门口所有的拖鞋，这样的孩子遇上一个火急火燎的妈妈，彼此简直分分钟要原地爆炸。

但天生的慢条斯理，只是一种性格特点。强行让慢性子的孩子加快节奏，等于否定了他的本性，会让孩子有很大压力。而且对孩子来说，学会接受自己的独特甚至不完美也是很重要的。对于孩子天生的气质，我们只能接受并因势利导。与其催促，不如给他多留一些时间。

2.为什么越慢越不能催

催促会给父母和孩子制造紧张情绪。一旦陷入紧张，做事就更容易慌乱和缓慢。

催促在一定程度能保证事情及时完成，但是结果就是孩子只会以你催促的次数和发火的程度来判断该不该去做，这不利于激发孩子做事的内部驱动力，凡事还是要依仗外部刺激。

催促孩子，其实是为了帮他避免拖拉带来的后果，这等于变相地剥夺了他为自己的错误行为承担相应后果的责任。

3.磨蹭的孩子，怎么让他快点

（1）留出足够的时间

后来CC每天上幼儿园，我都会提前半小时叫她起床，时间富余了，心态自然就没有那么焦虑了。带孩子出门，要提前规划一下时间，尽量留出一点富余时间。大多时候，这其实是作为成年人更从容的选择。

（2）帮孩子制定清晰的流程

机动的出行确实会打乱节奏，但如果像每天下楼玩、上幼儿园、回家写作业、上床睡觉这种常规的活动，都需要一直催促的话，一定是父母的规划不到位。

平时可以制作一个活动表，每做完一项，就给孩子一个小贴纸、画一朵小红花，这不仅是一种鼓励，而且更容易让孩子明白接下来的活动流程。只有过程清晰，行动目标才会清晰。

(3) 可以适当奖励

让孩子知道，他如果能抓紧时间，就有机会多做一件自己喜欢的事。

CC喜欢听故事，我跟她约定了每天早上的奖励就是：如果洗漱迅速，有剩余时间，就可以多讲一本书。如果把她喜欢读的那本书放在显眼的位置，就可以让她一直受到鼓励。

同样地，如果孩子出门之前慢吞吞的，可以告诉孩子快一点的话，路上就可以观察一会儿蚂蚁，到了游戏馆里就能多玩几次滑梯……

(4) 让孩子承担磨蹭的后果

分清你催促的事到底该由谁负责，如果是孩子自己的事，事先跟孩子讲清楚磨蹭的后果：

如果磨蹭着不刷牙洗脸，去幼儿园就会迟到，那就吃不到早饭、不能做晨间早操了；

如果一直拖拉着不穿衣服，那么今天到游乐园的时候就闭园了；

如果一直不睡觉，就没有故事可听或者就要自己睡，妈妈不陪了。

让孩子尝到因为磨蹭带来的后果和遗憾，没有什么比亲身体会更让人印象深刻，这一课家长不应该代劳。

大多数的磨蹭，孩子都不是故意的。所以，不妨先收一收你的怒火，告诉自己：孩子不是坏孩子，只是他还没学会正确的方法。我们要做的不是无休止地催促和唠叨，而是制定切实可行的对策帮助他们。

想让孩子改变，家长就要努力找到孩子身上的闪光点。让孩子觉得自己“棒棒哒”，是成就好孩子的第一步！

懒散是孩子的天性，父母需要培养孩子自律的能力

CC9月份升入小班之后，感觉一切就步入正轨了。如果说之前托班的意义是让孩子适应集体生活，遵守集体生活的秩序，锻炼自理能力，那么上小班之后，老师们已经明显在试着培养他们一些更“高级”的能力。老师首先会制定一张《培养自我管理能力的任务表》，每周都会轮流让班上的小朋友们负责一些任务，一般就是帮老师分碗勺、浇绿植、整理书架之类。每个孩子完成之后，去老师那里要一张相应的任务贴纸贴到自己头像后面的任务栏里。

因为任务都画得非常形象，再加上老师的解释，几乎每个小朋友都能有条不紊、一件不落地完成当天分配的任务。

更重要的是，孩子们都做得非常积极！

千万别小看这一张小小的任务表，它可是让孩子学习自我管理的非常科学的启蒙工具。不仅适用于幼儿园的孩子，而且全年龄的

孩子都适用。

比如，给小孩子做睡前程序表、日常活动表；给大孩子做家务分配表、自律表；等等。

其实大人也很适合用任务表来管理时间，不知道你发现没有：面对相同的工作量时，有的人会焦头烂额，而有的人则轻松自如。其中的秘诀，就在于自我管理能力和自律能力。

自律不是与生俱来的。孩子与生俱来的是自由散漫，需要父母培养他自控和自律的能力，就像一棵小树，只有帮它修去杂枝，它才会铆足劲头向上生长。

自律任务表能帮到孩子什么？

1.让孩子更有安全感

孩子的安全感从何而来？安全感其实来自安全而规律的秩序。

饿了有奶吃、尿了有人换尿布、哭了有人回应拥抱……孩子越是对自己接下来一步需要做什么、能得到什么有掌控感，他就越有安全感，即便接下来发生的不是他想要的，他也明白这是自己该接受的。

我有位朋友的孩子特别迷恋吃糖，迷到什么程度呢？见糖必买，不买就躺在地上打滚，而且是威逼利诱都不管用的那种耍赖。

我把这个方法推荐给她，她跟孩子认真地做了如下约定：

限制糖果数量是为了保护牙齿，如果他一周能好好刷牙，那么周末就可以去超市挑选自己喜欢的巧克力和糖果。

孩子每次刷完牙都可以得到一根彩色小棍，早晚各刷一次，集齐14根，就可以去买糖。你猜如何？一开始孩子要糖不给买还是会哭，但是不再像以前那样执拗了。因为他知道只要自己按照约定再坚持坚持，再努力努力，就会得到糖果。虽然被拒绝后还是要闹一闹，但看着自己努力刷牙换来的彩棍越来越多，他心里“笃定自己可以换到糖”，是有这份安全感的。这样一来，坚持和忍耐也成了并非不可能之事。

2.让孩子明白自律才是最大的自由

陪小学生写作业这件事，很多妈妈都表示天天都有被虐哭的冲动。但我认识一位一年级小豆包的妈妈，从来没有把这个当成难事，因为，她做了这样一件事。

把孩子课后时间分为详细的时间段，非常清楚：

16：00—18：00——写作业

18：00—19：00——吃晚饭

19：00—20：00——跟爸爸妈妈逛超市/带他下楼玩/去小伙伴家玩

20：00—20：30——看动画片

20：30—21：30——读绘本

21：30以后——洗漱和上床

如果16：00—18：00这个时间段作业没有做完，那么19：00—20：00这个时间段他就失去了跟小伙伴一起玩，或者跟爸爸妈妈一起出门的机会，他需要留在家中写作业。

如果19：00—20：00之间依然没有写完，那他又会失去看电视的时间。

如果20：30依然没有写完，那绘本时间也没了。

如果21：30还没有写完，那么孩子必须去上床睡觉了。当然如果孩子愿意的话，妈妈明天早上可以提前一个小时叫他起床补作业。

与其追着赶着让孩子“给你”写作业，不如给孩子自我管理的动力，给他示范合理分配时间的方式，以及锻炼自律的能力。

前面只是举例，具体的时间安排及活动的制定一定要根据孩子的习惯和能力，务必要保证孩子在这个时间段完成这些作业是绰绰有余的，时间表是动力而不是压力哦。

如果刚开始采用这种方式，建议跟孩子一起制订计划，他自己制订的学习之外的计划越有趣，他完成作业就会越有动力。

形成习惯后，他便能明白，写作业不是给父母写的，每个人都有“想做”和“必须做”的事，自律才是最大的自由。

3.增加孩子做事的自主性

每天睡觉之前，家长都喜欢叨叨：你要先刷牙、洗脸、上厕所，然后上床讲故事、睡觉。但是有没有发现，你叨叨了一百遍，孩子好像永远记不住，或者记住了也不会乖乖地跟你的流程走，总是神游在“程序”外。而准备一张《睡前程序表》则能让一切要做的事情变得非常清晰。把睡前程序分解并可视化，让孩子清楚地知道，自己已经完成了什么，下一步该做什么。

任务越清晰，执行起来会越高效。我们一直强调睡前程序的重要性，其实就是固化孩子入睡的流程，让他明白当他必须这么做的时候，就是该睡觉了。

4.增加孩子的成就感

生命的初期，孩子需要很多的成就感来肯定自己，有些成就非常明了：

比如，我像哥哥姐姐一样会坐了；

比如，我像爸爸妈妈一样会直立行走了。

但是有些成就的标准就没那么明显和简单了，孩子常常会因此生出挫败感：

比如，妈妈让我玩完玩具要收进盒子里，我忘了，或者我收拾到一半突然尿急，尿完之后又看见鱼缸的小鱼，就跟它玩了起来。妈妈就生气了，因为我没把玩具放回盒子里，我没做好，我也觉得自己很没用！后来妈妈发了更大的火，我也更生气了，更不想收玩具了，妈妈无奈之下只好帮我收了玩具。

在生活中有很多娃都是这样，让他把玩具放回盒子，即使是这么简单的指令，孩子也会因为各种原因不配合或完不成。

但很多时候，孩子也不是故意的。如果带着孩子做一张《玩具收纳家务表》，他就会非常清楚该怎么做了。

例如，可以根据自家的玩具分类：毛绒动物类、积木类、绘本类、画画类，分类别标示清楚。

形式大家各自大开“脑洞”吧，对于小一些的孩子，我喜欢可以一劳永逸，反复使用的；对于大一些的孩子建议制成周表，这样完成之后更有成就感。

哪些收完了，哪些收到一半被打断了，哪些当时没玩够现在要收了……一目了然。

其实想想大人也是这样啊，领导跟你说，文件整理好就可以下班，以及文件整理10份就可以下班。哪个更有动力？哪个更有成就感？自然是任务越明确清晰的时候，做起来越有动力。

孩子也是一样的嘛。现在都在强调孩子的软实力，其实软实力都是那些不会立竿见影的能力。培养一个新的习惯号称只需要21天，但事实上，巩固起来需要长久地坚持。

当你坚持得很累的时候，不妨换个思路，试试今天这种方式，科学、高效，还超有趣！

“妈妈再也不用担心我懒惰、拖延、不积极了，做个自律的小孩子，so easy！”

还等啥，赶紧行动起来吧！

不用催、不用逼，如何让孩子自主学习

养了孩子以后，你最缺的是什么？

有人说是钱，也许更缺的是时间。

最初，当孩子拿把勺子却总不能把食物送进嘴里，穿个裤子反反复复需要10分钟的时候，你会等待吗？还是看不下去就好心“代劳”了。这种“代劳”早期的影响或许并不明显，最严重的不过是孩子进入幼儿园之后的不适应。很多人认为无所谓啊，这些都是迟早会学到的小事。是的，在幼儿园期间，所有的孩子最终都能熟练地掌握自己吃饭、穿衣这些技能，没有任何问题。

结果看似都是一样的，但是影响远不在此。在这个过程中，不一样的孩子经历着不一样的变化，这些经历甚至决定着他们今后学习和工作的行事方式。

远的影响暂且不论，就说一说你马上看得见却无能为力的那些

事情。比如，马上要开始的学知识、写作业。我认识很多孩子上幼儿园大班和小学一年级的妈妈，都在用“生无可恋”来自我形容。有的妈妈说孩子上一年级之后，他做作业居然能从下午四点做到晚上九点。我惊叹道：为什么小学生的课业压力会如此沉重？结果，这位妈妈告诉我：不是课业沉重，而是写得慢，好像就是学不会，或者即便学会了写得也很慢。

究其缘由，多半是父母平常催促和代劳的结果，导致孩子从小就没有享受自己安心、专心做完一件事的美好体验。或者是父母等不及，替他们做了；或者是父母等不及，逼他们仓促完成了。等需要自主学习的时候，他根本没有主动完成作业的意愿，只能根据父母的催促程度来或快或慢地做事。所以，看出来了吧，就算是穿衣吃饭这种小事，等进了幼儿园迫于无奈地去学习，和在家主动学习相比，看似结果一样，但在这个过程中，孩子的小脑袋却经历着完全不一样的变化。

不用催、不用逼孩子就主动愿意去学习，这是一种怎样的体验？

脑科学里有个理论，安全感越强的孩子越聪明。因为只有当安全需要得到满足之后，大脑才有剩余的资源来学习其他知识，否则，大脑会优先解决机体自身的安全感问题。

安全感是什么？心理上的安全感有两种：

一是有关生存的安全感：我生存的环境安全吗？我能吃饱吗？我所居住的处所安全吗？

二是涉及所处关系的安全感：别人是不是讨厌我？他会不会离开我？我幸福吗？

对孩子来讲，更多的还是指第二种。

如果安全感尚未得到满足，孩子就总是提心吊胆，害怕父母的督促，想着平息妈妈的怒火，一直受焦虑的心态影响，他是很难集中精力去主动专心地完成一件事的。

有点抽象？举个CC的例子说明一下。

CC刚上幼儿园的那些日子，因为生活节奏的改变，我总是很焦虑，每天早上大概要说100遍“快点儿”。快点起床，快点刷牙，快点漱口，快点穿衣服，快点穿鞋子，快点背上书包，走快点！一开始CC也能跟上我的节奏，虽说催一件干一件，但好歹也在努力积极配合，很努力地在“快”！但是过了一段时间，我便发现，催不仅没用了，反而更慢了。催她穿鞋，半分钟就能完成的事，一边看着我一边慢吞吞地穿，看得我一阵火大，忍不住把音量抬高，态度也差起来：“快一点儿好吗？要迟到了！”她不仅没有更快，反而磨蹭着：“妈妈，我不会，你可以帮我穿吗？”明明早就会做的事，故意找理由拖延，我自然不同意：“你长大了，可以自己穿鞋，赶紧的，快点儿！”听我这么说，她更委屈：“妈妈你抱抱我好吗？”

还有工夫给我闲扯别的，都什么节骨眼了还要抱抱？

讲到这儿，问题就很明白了。当我因为CC穿不上鞋开始生气的时候，她想到的不是该怎样快速穿上那双鞋子，而是先要极力想确认，妈妈此时是不是还爱我（不管是央求我帮她穿鞋，还是求抱抱）。

所以，她不会因为我的催促加快自己的速度去掌握这项技能，迅速地完成这项任务，而是首先要确认，自己的安全感能不能得到满足。我的催促不仅不会让她想要做得更快、更好，反而破坏了她当下的安全感，分散了她的精力去追求安全感。

熟练掌握穿鞋技能尚是如此，就不难想象上小学后学习新知识的艰难情景了。一边担心妈妈的催促、指责，哪里还能全心全意地去投入学习呢？

安全感缺失一定会影响孩子的学习能力。这也是为什么家长越发火，孩子越叛逆、不配合的原因。你关注的是事情本身，孩子关注的却是你。所以，当你想让孩子积极主动地去干某件事的时候，不是催他，而是应该用平和的心态等待他。

敢于等待的心，都是平静而强大的。

当孩子失败无数次伸手抓住第一个玩具时；

当他拿起勺子一遍遍地往嘴里塞终于成功时；

当他翻来覆去研究一条内裤的三个口如何排列才能成功穿对时；

当他三番五次地重复一句英文追求正确发音时……

当他有机会在没有催促、抱怨、嫌弃的安全环境中去做这一切时，他就能非常轻松自然地学会自觉、自律、自省，以及保持心态平和这些优秀品质。这才是给孩子最好的礼物，让孩子学习最快的捷径。

所以你明白了，为什么积极主动的行为习惯不是催出来的，而是等出来的。

你每次着急地催促孩子做一件事，都是在分散他内心平和、有条不紊、不焦不躁地完成一件事的精力。

你每帮孩子做一件他力所能及的事，都是在剥夺他挑战自己、战胜挫折、成就自我的机会。

等待很难，因为它花的是父母的时间、精力，是本来可以去做更多事、赚更多钱的机会成本，但是，它很值得。

孩子听话不是真正的自律

说好的看电视时间，只要一打开就停不了；

一出去见什么要什么，在家怎么约定的全扔脑后了；

说话永远不算话，说好是最后一个、最后一集永远会耍赖皮，不会是真的最后。

随手发的三句话，却引来好多妈妈吐槽，看来妈妈们都被孩子的自律性问题搞得一个头两个大。

自律性对一个人有多重要？相信不用C妈多说。那么重点是，一定要这么小就培养孩子的自律能力吗？

好多家长都在说，现在还太小，打他记不住，说他听不懂，只好自欺欺人地等待；有些事，长大自然就好了，强求不来的。老实说，一岁之前，甚至两岁之前，真的看不出什么差异，一岁的时候，天下孩子各有各的乖，两岁的时候，天下孩子都是一般

“熊”。但是两岁之后，好像就有点不一样了，有的孩子在调皮的路上越走越远，有的孩子调皮捣蛋后，吃过苦头，明白了界限，便能“迷途知返”。

如果说以前我也曾怀疑过从小培养孩子自律能力的必要性，那么现在，CC长到快三岁，我可以肯定地说，非常有必要！

1. 两岁前的序曲

两岁之前，孩子就可以做很多关于自律的准备了！

(1) 让孩子学会自己承担责任

好像不管哪个年代，只要孩子摔倒了，家长们肯定会先把孩子抱起来，然后责怪导致孩子摔倒的物体。看上去是在疼爱孩子，实际上是替孩子推卸了自己应该承担的责任。

一周岁后的孩子有了独立意识，很多东西都想自己来，但是大人怕磕、怕脏、怕麻烦，往往帮助太多，剥夺了孩子的学习机会，也剥夺了他自己承担责任的机会。

细想一下两岁之前需要孩子自己承担的责任真的不少，独立吃饭、独立上厕所、自己穿衣、独自入睡。在这些过程中，孩子会遇挫，但是也会学习对自己的行为负责，对自己的能力更加自信。自信是一切自律的基础。一个人先得相信自己，才能管住自己。

(2) 强调正确的事情，而不是制止错误的行为

两岁之前的孩子，说道理他们还听不太懂，即便听懂，很快也会忘。所以，指望他们一下子因为明白而遵守几乎不可能，但是又不能放任不管，最好的办法就是转移注意力，寻找代替品。用可以

接受的行为来代替不可接受的行为，而不是正面地制止。

比如：

孩子在墙上乱画不可以，但在纸上可以；

还要吃糖不可以，但是可以去玩滑梯；

扔杯子不行，但是可以扔玩偶；

情绪发泄不可以打人，但是可以用语言表达“我很生气”。

这个时期转移注意力非常奏效，与其硬碰硬，不如采取迂回战术。

（3）让孩子自己选择，是走向自律的第一步

允许孩子自己做选择，他们就会自我思考，对自己的行为做出选择是走向自律的第一步。

开始只提供两个选项，以便孩子容易应付，比如，你想穿小兔子的毛衣还是小猫咪的毛衣？

每次在两个选项中做出决定的过程，都是增强孩子自我意识的过程，也是让孩子对自己行为承担责任的过程。当他意识到，你会尊重并信任他的决定，他的自我控制力就会大幅提升。每一次选择都会向自律迈进一步，从开始穿哪件衣服到以后是选择继续看电视还是睡觉。

2.两岁到三岁的实战篇

等到孩子两到三岁时，他在自我控制上会有进步，知道如何抑制冲动。但是很多时候，明明知道不对，还是控制不了自己，所以这个阶段规则要明确合理，执行要温柔坚定。尽管这个过程很艰难

并且会反复，却是最佳的塑造时机。

两岁叛逆期到来之后，你会发现，小小的人儿突然变得很精明，开始全方位挑战你的底线和权威，而且很不好应付了，转移注意力、替代、正面鼓励的方式貌似都不大好用了。也许是时候与孩子正面地谈一谈了。

（1）制定规则要明确，要求要合理

给孩子制定规则之前，一定要深思熟虑。

这种行为不允许，是真的不允许吗？

规则太多等于没有规则，限制太多等于没有限制。不要朝令夕改，心情好可以允许孩子看一天电视，心情不好的时候一集都不能看。规则要明确，不是家长明确，而是让孩子明确。

你跟他说每天只能吃五块糖，却给他一罐糖，等他吃够了五块你就去制止，他正吃得上瘾，自然不会停，你制止，他自然会哭，因为他不知道多少为五块。

你带他去游乐场说再玩半小时就走，半小时到了，他正在新发现的滑梯上溜得带劲，你喊停他当然会反抗，因为他对“半小时”完全没概念，而就算有，试问谁会一直盯着时间玩儿？

正确的做法是要让孩子清楚明了。

直接给他五块糖，其他的收起来，告诉他这是一天的量。

在游乐场告诉他还可以玩三个项目，可以自己随便选，玩完要回家，玩最后一个项目的时候提前提醒。

有的时候我们责怪孩子说话不算话，其实是大人根本没有把规则说清楚，孩子只能选择权宜之计，先应下来再说，走到哪里算哪

里，等到最后才发现跟自己想象的相距甚远，所以就会拼命反抗。

除了明确，还要合理。

有位妈妈说，三岁的孩子答应每次都把盛的饭吃完，但是每次都剩下，每次都说记住了，但下次还是记不住。其实这个承诺本身就不现实：首先三岁的孩子对自己的能力预估完全不准确，也许他只是“以为”自己能吃完；其次，即便成人吃饭，有的时候也要看心情和菜品才能决定能不能吃完。

咱们当妈的不能自己给孩子“挖坑”，他不懂事，等他往里跳完反悔了，你反过来却又怨他说话不算话。事实上，你的“剧情设置”就不合理啊，所以不要因为孩子会同意，就诱惑或是逼迫他许诺。

“我再也不买玩具了”“我再也不看电视了”，即便孩子真的说出了这种话，认真的话你就真“输”了。如果你因为他说话不算话而生气了，那就会输得一败涂地。

有的时候CC惹我生气，奶奶会来打圆场，让她保证“以后再也不……”

每次我都很认真地制止，如果总是让孩子承诺自己做不到的事，慢慢地，孩子也会觉得自己是一个说话不算话的人。这会让她对自己失去信心，而且会让她从心底里看轻“承诺”这件事。我们总以为孩子听话就是自律，这是一个错误的观念。孩子自律不是为了迎合家长，孩子能够自己管住自己，这才是真正的自律。

对于出尔反尔，限制行为比惩罚和打骂更有效。

如果确定制定的规则没有超范围，孩子可以做到，但事到临头他却反悔了，那么限制他的行为，剥夺部分权利，比单纯地制止更有效。他既然选择打破规则，就必须自己承担后果。

大哭大闹非要吃糖？可以吃，但是一会儿大家要去吃冰激凌你就不能吃了。

不想吃饭？可以，不过晚上没有其他可吃的，要坚持到明天早上哦。

还要继续看电视？可以，但是今天就不能再讲睡前故事喽。

要保证利益更具有诱惑性，或是损失更具有惨重性。否则，如果孩子本来就爱看电视大于看书，爱吃糖更胜于冰激凌，那他简直求之不得了。重点是，一定要坚决执行，只有看到直接的损失和可预见性的后果，人们才会愿意放弃当下的利益，两害相权取其轻，两利相权取其重，这是人类的本能。但是在执行的过程中，一定要确保自己心态平和，当孩子含着眼泪来求你讲睡前故事，饿着肚子来找你吃饭的时候，千万别说，“当时你怎么答应我的，谁让我说的话你都不听”，云云。

你不是在惩罚，不是在等着看他的笑话，而是在尊重他的选择。

所以，最好搂着他说：“亲爱的，我知道你很不开心，但是妈妈觉得当时你确实更想看电视，而且你确实看了很久，所以今天就没有睡前故事了，不过明天妈妈还是可以给你讲故事的，现在妈妈拍拍你睡觉好吗？”

(2) 比被动遵守更重要的是主动选择

CC两岁开始看电视之后，她学会的第一件事就是：自己关电视。我几乎从不擅自给她暂停或关闭电视。偶尔赶上要吃饭，她在看电视，那么看电视还是吃饭，只能二选一，由她自己选择。但开始每次她都很挣扎，又舍不得电视，又想要吃饭，后来我提议，暂停电视好吗？它们会“等一等”CC的。她也喜欢这种暂停的方式，但是在哪里停，由她自己决定，有的时候当下就可以暂停，有的时候看得正上瘾，我们就先吃，她看完了再停。

但是一定要她自己暂停，自己关闭。比起被动的坚持规则，主动选择自律的结果更重要。有的时候，甚至超出一点点规则界限也无妨，比起说好的看完两集由家长关电视，那么打破一点点规则看了三集，但是最后孩子自己选择关电视更重要。

要让孩子知道，抵制诱惑很难，但是努力还是能做到。当他做到的时候，自己也会为自己骄傲。

其实关于自律，最重要的一点是言传身教。

如果家长说话算话，自律性很好，那么孩子也不会差到哪儿去。反之，父母如果总是出尔反尔，那孩子也会摸不清界限。界限看上去是限制，其实会让孩子更有安全感，只有当他摸不清界限的时候，才会忍不住到处冲撞。

一位宝妈说：“自律，这个反人类的特性我自己也做不好啊。”所以，任何方法都不会立竿见影，真正考验功力的是细水长流。

过度干预，所以你总是在替孩子收拾烂摊子

一天CC上幼儿园迟到了大概半个多小时。从起床就磨蹭，不肯自己穿衣服，非要早上讲绘本，总之一直磨蹭着提各种不合理的要求。其间我提醒，如果再晚就会错过幼儿园的早餐，衣服你需要自己穿，妈妈也要收拾着装，绘本放到晚上回家再讲。但她还是磨蹭着，结果迟到了。

到幼儿园的时候果然已经结束了早餐，我跟老师商议合计：到10点吃加餐之前的这段时间，如果喊饿，让她坚持一下。

中午询问情况，老师说九点半的时候CC喊饿了，按我们之前商议的，老师跟她说："你知道的，幼儿园除了正餐就是加餐，现在还不到加餐时间，不过快到了，坚持一下，咱们明天早点儿过来吃早餐好吗？"

据老师的描述，CC含着眼泪委屈地跟另一个老师去玩游戏

了，但她也知道错过早饭是自己的原因，所以没有无理取闹。

我听了心里也不是很好受。

CC可怜吗？是有点儿，但是现在这点可怜不能承受的话，以后只会更可怜。

我始终记得从前看过的一个段子。说有两位妈妈，两个孩子小的时候都出现过吃饭难的问题，她们在一个辅食喂养群里相遇了；再后来两个孩子上幼儿园了，又同时出现了上学拖拉的问题，在一个幼儿园交流群里，这两个妈妈又相遇了；等到两个孩子上了小学，催做作业又变成了头等难事，两个妈妈在小学生作业辅导群里，再次相遇了。

当年追着喂饭的，现在催着上幼儿园的，今后盯着做作业的，居然是同一拨妈妈？

每次我都跟大家叨叨，养孩子没有捷径可以走。就像养一棵小树，前期多用心，帮它修剪旁枝，让它成为一棵笔直的树，后期它才能铆足了劲儿向上生长。如果前期不管，任由旁枝肆意生长，今后再想修剪，就得伤筋动骨了。

很多事情如果父母过度干预，那么孩子做与不做有什么差别？——反正总有人收拾烂摊子。

他只会觉得：

我不想吃饭就不吃吧，反正妈妈不会让我挨饿；

我想磨蹭就磨蹭，甭管妈妈怎么催吧，反正她不会让我迟到；

我写作业慢就慢呗，反正妈妈会想方设法帮助我完成。

看上去是毫无联系的问题，实际从根儿上说都是一个原因——

孩子没有培养出独立性。

有句老话说：穷人的孩子早当家。其实早当家指的便是一种自立。

有实验调查表明，那些亲眼看见父母辛苦劳作的孩子，会更懂事，并且更自立。当他们看到父母辛苦劳作时，人类天生的同理心和怜悯心会让大脑产生一种“不忍心让别人更辛苦”的意愿。

我有位大学同学，她妈妈是卖早餐煎饼的。她说从小学开始，每天都能看到妈妈天不亮就早起准备，不管是三伏天还是冰雪天，都准时站在街边出摊，每次看到这些，就不忍心再给妈妈添一丝麻烦。她从小就坚定地告诉自己，只要自己可以做到的，一定不麻烦父母。

反过来，如果父母的辛苦孩子看不到，或者父母刻意对孩子隐瞒生活的艰辛，孩子就有可能认为：生活可以坐享其成，不付出也能有所回报。

勤劳和自律并非人的天性，它的存在同时需要主动性和必要性。主动性，就是让孩子萌生出像父母一样（或者其他榜样一样）的动力，以此作为自我激励。必要性，就是让孩子承担自己不作为的自然后果，以此作为自我鞭策。这两个方面都做好了，才能让孩子真正成为一个独立有担当的个体。

家庭教育，我们也可以从这两个方面入手。

1. 以身作则并让孩子参与其中，激发主动性

要相信言传身教的力量，你努力生活的样子，孩子都会看在眼

里。如果你毫无计划性、完全不自律、做事拖拖拉拉，那么孩子也超水平发挥不了多少。你也不需要无所不能、大包大揽，你需要做的，是最大程度地让孩子参与进来，不管是他自己的事，还是家庭劳作。不参与其中，孩子永远不知道父母有多辛苦，并且为他付出了多少。

让孩子体会这些付出并不是道德绑架，而是让他学会尊重和感恩。如果孩子不曾体会过打扫满地饭粒的麻烦，他怎么能在今后的吃饭过程中注意整洁？如果孩子从不曾体会到把玩具一样样归类、收纳的烦琐，他怎么能学会注意每次只拿自己需要的，而不是一箱子玩具全倒出来，玩完几样转身就走？

不懂得尊重和体谅他人的孩子，是因为他们误以为，所有人都无所事事，天生就该专门围着他转。所以，从身体力行的小事开始，自己吃饭、自己收玩具、自己起床、自己写作业。

2. 让孩子承担结果，适当“受点罪”

不吃饭、上幼儿园拖拉、写作业磨蹭，这都是孩子自己的事。

如果孩子不想做、不积极，那么也应该由他自己承担后果。

但是通常我们不忍心啊。

宁可连哄带骂地让孩子吃饭，也不让他体会一下挨饿的后果；

宁可焦虑发怒地催促，也不让孩子体会迟到的后果；

宁可催写作业气到几乎心梗，也不让孩子体会写不完的结果。

有句特别扎心的话，如果你觉得生活格外容易，那是因为有人替你负重前行。可是身为父母，我们能帮孩子负重多远呢？

别让孩子觉得生活太容易，自己可以任性而为，现在你帮孩子挡的那些罪，今后生活都会加倍地还给他。所以，当孩子该受点罪的时候，可以心疼，但别拦着。

让孩子承担犯错的后果，比说一万遍道理更管用

前几天带着CC和DD姐弟俩去跟亲戚聚餐。席间男士们在喝白酒，女士们在喝红酒。没多久，CC就看上了大人喝红酒的高脚杯，嚷嚷着也想用高脚杯喝饮料。

我告诉她小孩子用高脚杯不方便，但她看着稀罕，坚持要用，想想这也不是什么不合规矩的大事，便由着她去了。但是她一点儿也不安分，一会儿跑去看婴儿床里睡觉的DD，一会儿跑到邻座的姥姥那里晃过来晃过去，我数次提醒她小心点，别碰倒高脚玻璃杯。

没多久，就听见“咣”的一声，高脚玻璃杯掉在了地上，碎成了玻璃碴儿。片刻慌乱之后，我们立刻搞清了状况，是CC的那个碎了，因为高脚杯太高，她个子太矮，放在她手边本就碍手，加之她跟邻座的姥姥玩完回来没留心，胳膊一碰，就掉地上了。

CC顿时吓得不知所措，冲我说，“妈妈，我不是故意的”。一桌子的大人很快恢复了镇定，一同安慰道：“没事儿没事儿，CC又不是故意的，让服务员阿姨来收一下就可以了。”

等服务员小姐进来清理的时候，大人们还在嘱咐：“CC站远一点儿，不要被碎玻璃扎到。”

人多热闹，我当下没好教育CC，但是，我心里并不是这么想的。

随着父母教育程度的提高，我们这一代父母很少通过打骂的方式来教育孩子了。这事儿要搁咱们小时候，说不定还要被大人打骂一顿。但是，现在我们知道了，如果孩子做错事父母用打骂的方式处理，在这个过程中，孩子会一直处在恐惧情绪里，很难去对事件本身进行反省。所以，硬的不行，那就来软的，我们开始讲道理。孩子做错事我们会苦口婆心地说教，比如，“小孩子不能玩高脚杯，吃饭要乖乖坐着，不能四处乱窜”。

等孩子表示自己知错了、记住了之后，这段教育就在满意中结束了。但，真的结束了吗？那个听完道理的孩子，下次就不会吵着闹着用大人的高脚杯，就不会在吃饭时乱窜、不注意桌面易碎物品了吗？

不会的。因为整个教育过程中，缺少了一个关键，那就是让孩子体验因为自己的过失带来的后果，并承担相应的责任。

每个孩子都会犯错，这是正常的。很多父母每天做的，大概就是各种善后吧，这也是父母的职责所在。每个年幼的孩子都是在不断犯错中长大，但父母的回应和管教方式会影响他下一次犯错的反应。

孩子需要什么样的管教呢？

我们常说，教养孩子要认知、情感、行为三管齐下。

1.认知，是对行为最基本的认知

知道是非对错，知道规则，这是教养的第一步。谈任何教养方式的前提，是孩子首先有正确的认知。

比如，对于一两岁抢玩具、打人的孩子来说，受认知能力的局限，他们认为凡是自己看到的，就是属于自己的。所以，其他小朋友的玩具，只要喜欢就可以抢过来；其他小朋友在玩秋千，而我也想玩，我就把他推下来。

很显然，此时打骂和讲道理都没用，因为孩子连最基本的规则对错都没有概念，所以管教的重点应该放在帮他明白规则、树立规矩上。

同样地，一个五岁的孩子吵闹着用高脚杯，是因为他的认知里觉得用高脚杯喝饮料，是一件跟大人用高脚杯喝红酒一样酷的事。但他不知道的是，高脚杯对于毛手毛脚的孩子来说更易碎，杯子放不稳、手臂轻碰一下，都会导致杯子破碎。如果孩子没有这个认知，下次他依然会嚷着用，依然学不会小心使用。

2.确保认知没问题之后，接下来就是情感

每次写到管孩子，C妈都会说一句：所有的管教都应该在爱与拥抱中结束，而不是在恐惧和内疚中。教育孩子的过程中，情感很重要。

如果父母暴躁，让孩子害怕，那么孩子所有的精力都会集中到最基础的生理层面，也就是对安全感的追逐。他首先想的是，我的生存环境安全吗？眼前这个愤怒的妈妈还爱我吗？会打骂我吗？还要我吗？在这种不安全的生存环境下，他没有精力再去管什么遵守规则、分辨对错、反省行为了。

他只会哭闹，或者顺着你的意愿，同意你的道理，得到你的肯定，以寻求最基本的安全感的满足。所以，暴力管教是最不可取的，它只能收获眼前的服从，事实上，实现不了管教的目的。

3.最后一点就是行为

取代暴力管教的一个常见方式，就是事后讲一堆大道理。比如，仔细地跟孩子讲他哪里做错了，分析为什么会做错，甚至还帮助他建立下次避免出现同样行为的意识。

然而，这并没有什么用！你会发现，下次遇到同样的错误他还是会犯，他虽然会积极地认错，但好像也就仅此而已了。这很容易让爸爸妈妈有一种管教无力的感觉。这也是为什么推崇暴力管教的父母，不认可讲道理那一套。因为，他们觉得讲道理没用！不给娃点颜色瞧瞧，他们就不长记性。

其实，不是讲道理没用，而是明白道理和规范行为之间，还差了一个让孩子自己承担后果。如果孩子不能切身地体验自己的行为带来的后果，那么道理说一万遍，也不会起到作用。

回到开篇的场景，散席之后，我跟CC聊起了席间打碎的高脚杯。

“妈妈，我不是故意的。”

“妈妈知道，你也吓了一跳是不是？不过高脚杯是易碎品，是不建议给小孩子用的，如果你坚持想用，就应该更加小心地使用。爸爸妈妈已经帮你赔付了打碎高脚杯的费用——16元，你已经有零花钱了，要记得还给我们哦。另外，服务员阿姨帮你清理了玻璃残渣，你要谢谢她。”

然后，CC去跟阿姨致了谢，回到家又极不情愿地从她的零钱里数了16元给我。然后跟我说：“下次我再用高脚杯，可一定要小心点，再摔碎一个，我的钱都要赔光啦！”

其实更好的方式是，当时让孩子清理干净地上碎掉的玻璃碴儿，然后再让孩子拿着自己的零花钱，去结账处亲自致歉并赔偿。只有她体会过满地的玻璃碴子有多难清理，会给别人带来多大的不便；体会过当众向“被侵害利益方”致歉并赔偿，她才会真的懂得边吃边玩会出状况，而出了状况之后自己善后会很麻烦。而且还会知道，就算是自己不小心损坏了别人的东西，也要致歉并尽力补偿。

即便孩子不是故意的，他也需要为自己的莽撞负责。“对不起，我不是故意的”不是免死金牌，做错事了，不是简单的一句“对不起”就可以撇清干系，然后事不关己高高挂起。

教育孩子其实并不需要你打骂，也不需要你讲太多大道理，很多时候，在做错事的一瞬间，他就已经知道错了，让他亲自经历承担结果的过程就够了。

其实，我有时也在想，让孩子承担后果是我小题大做、反应过度吗？但看了身边太多的孩子后我发现：

有的孩子疯跑，踢倒了别人用积木辛苦搭好的城堡时，会说一句“对不起，我不是故意的”；有的孩子弄坏了别人的玩具，也会说一句“对不起，我不是故意的”；有的孩子在玩闹中，伤害到别人，依然会说一句“对不起，我不是故意的”。然后呢？

很少有孩子停下来疯跑，去帮对方把积木城堡重新搭好；

很少有孩子选一样自己的心爱玩具赔给对方；

也很少有孩子去看对方流血的伤口，看对方接受治疗的过程，看自己是如何给别人造成了痛苦。

当你坚持让孩子去承担相应的后果时，他会说：“我已经道过歉了呀，我也不是故意的呀！”他永远意识不到，为什么不要再做这样的事，因为要付出代价，因为造成了伤害。

这就是为什么如果有下次，还会是一样的结局；这也是为什么我们讲了无数遍的道理，孩子依然不听。

第五章

不焦不躁——培养孩子的社交能力

多少次，我们都不经意地否定了孩子的感受，甚至最天然的感知饥饱、不想被触碰、对未知恐惧的感受都要被质疑。更严厉一些的父母，甚至不允许孩子“狡辩”和反抗。面对父母的强势，久而久之，孩子自然只能选择妥协，选择不去顾及自己的感受。那么，他面对外人时，哪里来的勇气拒绝呢？

为什么你家孩子窝里横、外面怂

前段时间朋友找到我，用一副恨铁不成钢的模样吐槽着自己的儿子："家里横得跟什么似的，一出门就怂得不行。在我们面前蛮横无理、大呼小叫，稍不顺心就大哭大闹，甚至是动手，但是出了门见到陌生人，连大气都不敢出，前天被其他小朋友抢了玩具都不知道要回来。回家后还和我发脾气，让我给他要去。你说这孩子咋就变成窝里横、外边怂的性格了呢？要是家里乖，外面大方得体该有多好。"

这样的场景觉得似曾相识不？自家的孩子是不是也在家厉害得不行，出门却变得胆小？其实，大部分的性格形成都是有迹可寻的。

为什么有些孩子会养成窝里横、外边怂的性格呢？

1.造成孩子“窝里横、外面怂”的原因

（1）“窝里横”大多源自家人没有原则的爱

孩子想要个新玩具，但家里有类似的，妈妈不同意，结果孩子开口一号，往地上一躺，妈妈就“缴械投降”了；

孩子想吃垃圾零食，父母不准，孩子咧嘴一号，姥姥立马现身，“不就是想吃好吃的，姥姥给你拿”；

孩子没轻没重的，经常动手打爸爸妈妈，妈妈想教育孩子，但刚说一句，孩子一哭，奶奶就现身：“孩子小，他懂什么？你这么个大人怎么还跟孩子较真！”

孩子在家对爷爷奶奶呼来喝去的，你想说他两句，但爷爷立马挡在前面，“没事，让孩子说两句没啥大事”。

孩子小，不懂事？恐怕是我们对孩子最大的误解。

他们可精着呢。孩子可能话都还说不利索，但揣摩人的心思，看人下菜碟最是拿手。父母妥协的时间久了，孩子便知道哭闹可以达到自己的目的。

而且，谁对他最宠爱、最包容，他就对谁最放肆。每次都跳出来充当挡箭牌的爷爷奶奶，也会变成孩子最不尊重的对象，他会仗着老人的溺爱越来越霸道。

所以，我们经常在外看到一个孩子对老人（或妈妈）颐指气使，甚至是拳打脚踢。面对自己的家人，孩子俨然变成了一个蛮横霸道、不讲理、不尊重别人的小霸王。

（2）“外面怂”多源于不成熟（或不正确）的社交能力

大多家里横的孩子在外边表现得比较胆小，并非一定是性格原

因，其实是因为孩子的社交能力不足。

孩子在家哭闹耍横这一套自己熟悉的社交方式，出了家门就不好使了，他没学会正确的沟通方式，就会导致他无法很好地融入外边的小圈子，慢慢地，孩子就会选择逃避，不太愿意和陌生人接触。孩子自身的不安、恐惧、委屈等情绪堆积在一起，无法向外表达，只能向内继续发泄给家长，也就造成了恶性循环。

孩子相对于成年人，适应能力弱，他们只有在自己认为安全的范围中，才能表现出真实的自己。而出了家这个“舒适圈”，孩子对外界会产生恐惧、不安，也就想要逃避。而家长觉得在家是小霸王，那么无论在家还是在外，都应该是这样的“霸道”性格，所以对于孩子的这种心理无法察觉。我们越想让孩子大方地走出家门，孩子越恐惧外边，越对熟悉的家人蛮横霸道。

如何改变孩子的这种性格和行为?

孩子的可塑性都很强，想要孩子养成良好的性格，需要父母给予积极正向的引导。

2.给予积极正向的引导，父母要怎么做

(1) 不要给孩子贴标签

总是在孩子面前强调“你在家这么横，在外边怎么这么怂”，只会强化孩子对自我的认知，让他认为自己就是这样的人，从而不去尝试改变，离这个标签越来越近。

而且父母的不理解也会导致孩子的情绪无法正常发泄，从而无法很好地控制自己的情绪，“家里横”的情况也就越来越严重。

(2) 在家也要培养平等的社交模式

与家庭成员的相处模式，是孩子早期社交的参考模式。

有些窝里横、外边怂的孩子，大多是因为在家形成了不正确的社交模式，认为在社交中不是弱就是强。通过自己的硬手段（哭、闹、吼）让家长妥协了，自己便是强的一方，家长是弱的一方，弱的一方需要无条件地妥协强的一方。长此以往，孩子的认知模式就是：不是你硬我软，就是我软你硬。

而在外面，当哭闹的那一套不好使时，他就会自动切换成已有的认知思维模式（非强则弱），进而妥协，显得怂——明明被抢了玩具，也不敢要回。

所以在家庭教育中，家长不需要一直“让”着孩子，应当适当地拒绝孩子。有时候过度满足会让孩子形成依赖性，觉得自己是世界的中心，反而是对孩子的一种伤害。

只有当我们给予孩子有原则的爱，孩子的言行才会有分寸。

所以，父母应该学会拒绝孩子的不合理要求，比如孩子晚上一时兴起想吃附近的蛋糕，你要坚持等到第二天再买，而不是看见孩子一哭，就赶紧“缴械投降”。

我们在拒绝孩子的要求时，一定要温和平静地和孩子讲明原因，并对孩子的情绪表示理解：“妈妈知道你非常想要，也知道你现在很伤心，但你的要求是不合理的……所以没有办法答应你，如果你很伤心，可以在妈妈的怀里哭一会儿。”

只有我们理解孩子的情绪，并提供正确的解决方法，孩子才能慢慢地形成正确的表达方式，慢慢地控制自己的情绪，也就不会在家里横了。

我们最终需要让孩子认识正确平等的社交关系，交往双方是平等的，是需要互相尊重的。只有孩子与家人平时的相处是互相尊重的，他出去才会尊重别人，也才会要求别人尊重他。

这几点需要全家统一战线，谨防一方立规矩或拒绝孩子要求时，另一方却进行阻挠，“奶奶给买”，那说啥都是白搭。

(3) 教会孩子一些社交技巧

理论归理论，对于社交经验不怎么丰富的孩子来说，虽然他渴望友好玩耍，奈何不得要领，总是用错误的方式表达，也会让社交变得困难重重，所以，教给孩子一定的社交技巧也是有必要的。

比如主动打招呼，如何分享玩具，当对方出现自己不喜欢的行为时又该如何表达等。当孩子掌握了社交技巧，知道一些社交中常见问题的解决方法，他也就有了交往的底气。

很多孩子出现窝里横、外面怂的状况时，都是在向家长传递一个信号——他好像有一点点麻烦，希望爸爸妈妈可以帮他。如果家长能及时接收孩子的信号，并给予正确的引导，相信孩子会成为一个自信、乐观、有礼貌的孩子。

孩子太老实太怂，如何不被当“软柿子”欺负

当孩子准备入园时，有一部分妈妈会担心孩子去了幼儿园不能很好地适应，会吃不好、睡不好，会不守规矩，也有一部分妈妈担心我的娃太“老实”，到了幼儿园会不会“挨欺负”，会不会“吃亏”？

很多妈妈就有这样的担忧：

孩子被抢玩具，即使不开心，也不拒绝；

被打了只会哭，也不知道反抗；

在游乐园玩，被插队了也不生气，自己马上就去玩别的了。

如果孩子有这样的性格，他平时在楼下玩，妈妈还能帮助一二，以后到了幼儿园或者没了家人的保护，孩子会不会被欺负啊？

首先，我们要看孩子天生的性格。

有些孩子性格真的很温和，不太计较个人得失，非常懂得礼

让，也愿意关心照顾别人，这样的孩子，真的不用家长瞎操心。虽然看上去他失去了一些权益，但是他会获得很多友谊。这类小朋友在幼儿园真的很受欢迎，大家都会喜欢跟他做朋友。

但有些孩子“老实”是因为家庭养育中一些不经意的习惯，造成了孩子不敢表达自己的想法，他并不是真的不计较、愿意谦让，而是不敢拒绝别人。

咱们要说的是第二类孩子的父母，在家庭养育中应当如何做。

1.在家庭养育中允许孩子说“不”

想要孩子懂得拒绝，不当“软柿子”，在外能够很好地保护自己，我们父母要做的第一件事情就是允许孩子说“不”。

可能有家长会有疑问：“我从没禁止过孩子说‘不’啊！”真的是这样吗？很多时候我们嘴上说着要平等、要民主，真正养起孩子来却全然不同。

举个最简单的例子。孩子吃饭时，有多少次孩子说吃饱了，吃不了了，我们却不同意：“才吃了几口就饱了？本来就没给你盛满，再吃点。”“再吃一口，最后一口啦。”直到让我们满意为止。

有段时间，CC也吃得非常少，真的少到让我这么“佛系”的妈妈都不能容忍，于是也忍不住唠叨她、要求她。一段时间后我发现，每次吃饭对她来说都变成一种压力，她会端着碗里的饭试探着问我：“妈妈，我再吃五口可以吗？”

那一刻我超难过，我难过的是CC眼里流露出怯怯的眼神，她知道自己少吃了我不满意，但多吃她不喜欢，所以只能怯怯地跟我商议：再吃一块排骨行了吗？再吃五口米饭可以了吗？

孩子们是在给我们吃饭吗？当然不是。但是来自父母的压力让孩子们觉得，连吃饭都不是自己能做主、自己说了算的事。

我们以为是为孩子好，多吃一口就是赚一口。但实际上，我们只是打着爱的名义，给自己控制孩子的行为开脱，强迫孩子做自己不喜欢的事情。孩子说“吃饱了”，其实是拒绝我们的“喂饭”行为，这是孩子最初试图根据自我感受拒绝自己不喜欢的事情，却被我们无情镇压和否定的例子。

类似的还有很多：

想要孩子坚强，怕孩子变成爱哭鬼——摔倒了无视他的疼痛，跟他说：“不疼，不疼，你很坚强的，不会磕一下就哭。”

怕孩子被说没礼貌——忽略孩子被亲戚强抱时的抵抗，跟他说：“怎么这么小气呀？别人喜欢你才抱你的嘛！”

想要孩子勇敢，怕孩子胆小——无视他对水的恐惧，跟他说：“不就是洗头、洗澡（游泳）吗？这有什么好怕的？”

多少次，我们都不经意地否定了孩子的感受，甚至最天然的感知饥饱、不想被触碰、对未知恐惧的感受都要被质疑。更严厉一些的父母，甚至不允许孩子“狡辩”和反抗。面对父母的强势，久而久之，孩子自然只能选择妥协，选择不去顾及自己的感受。那么，他面对外人时，哪里来的勇气拒绝呢？

如果我们希望孩子能够独立，遇事有主见，那么在孩子成长过程中我们就要尊重孩子说“不”，让他拥有拒绝的权利。在不涉及安全或原则问题上，尊重孩子的想法。因为只有这样，孩子才能真正地将自己的感受放在第一位，当有人试图损害自己的权益时，才会在第一时间说“不”。

2. 在社交冲突中坚定地站在孩子身边

除了尊重孩子，在孩子出门参与社交时，父母还要做到“力挺”孩子。这一点，很多父母只停留在口头鼓励的阶段：

“没事，别怕，别人不玩了你可以玩了。”

“跟小朋友说：我正在玩，你不能抢。”

“想玩你就开口说啊，你不说别人哪知道？”

有些孩子胆小，不敢说，父母就恨铁不成钢：“你咋这么怂，被抢了不知道拿回来吗？”

要知道，人类天生是有极强的危机感和危险意识的。眼瞅着一个比自己强势的孩子来势汹汹地插队或抢自己的玩具，没有哪个孩子是不怕的。对于一个两岁左右的孩子，他没有判断自己行为的能力，也没有规则意识，只能凭直觉选择躲开，大人眼里这就是怂。

孩子最初的社交规则、社交技巧和社交观，是需要父母引导的。最好的办法是父母来做沟通示范，跟抢玩具者表达：“妹妹还没玩完哦，不可以抢，等妹妹玩完，让她再给你好不好？”

这样做，一来可以平复孩子受惊的情绪，让孩子感觉自己被“欺负”时，有父母第一时间站在他背后，他不必怕。慢慢地，孩子通过大人的行为逐渐意识到，自己是有人保护的，被抢之后是可以勇敢维护自己权益的；二来通过学习父母的沟通方式，他才能知道在这种场合，自己应该如何做、如何说，来维护自己的权利。

想要孩子变得勇敢，懂得反抗和拒绝，我们先要给他反抗的“底气”。正所谓，所有“熊孩子”的背后都有一个“熊家长”，反之亦然。所有敢反抗的孩子背后，都有父母无条件的支持与保护。（父母的干预一般是在孩子一到三岁之间，这是帮助孩子打好社交基础的阶段。三岁之后，孩子的社交观开始成熟起来，父母尽量放手让孩子解决。）

3. 教会孩子拒绝的技巧

孩子有了保护自己、维护自己权利的意识，我们就需要教会孩子一些情况下拒绝他人的方法。

（1）礼貌表达拒绝

中国是一个人情社会，没有人会喜欢说话太直、不近人情的人。孩子也一样。所以，我们需要教会孩子礼貌（委婉）地拒绝别人，既保护了自己的权利，也不会让对方感到难堪。

例如：

这个玩具我很想换给你，但是它是爸爸买给我的，我很喜欢；

我可以让你玩秋千，但你需要等我玩完，我还想玩一会儿；

相对于直接拒绝的方式，这些表达方式更容易说出口，也更容易被人接受；我们既尊重了别人，也很好地拒绝了别人的要求。

（2）强硬拒绝恶意欺凌

面对恶意的欺凌，一定要学会反抗。

往往经常被欺负的孩子，如果在被欺负后默默无语，没有让对方感觉到“我很生气，你不能欺负我”，对方会觉得这个人很好欺负，进而经常性地欺负他。有的时候，你的态度、语言和气势，比你的拳头还能震慑别人。当你底气十足的时候，别人才不敢变本加厉继续欺负你。

比如：

有人抢玩具，可以大声地说：这是我的！

被别人打了，可以盯着对方的眼睛说：不许打我！

如果对方依旧不改，且明显比自己强壮时，要第一时间找老师或家长帮忙。

（3）接受拒绝

不仅自己有说“不”的权利，其他人也有说“不”的权利。

我们不能满足孩子的所有要求，有时候，甚至大多时候，都需要拒绝这个小家伙的不合理要求。在拒绝孩子时，一不要哄骗，二不要直接强硬拒绝。

先仔细听孩子的想法，并对他的想法表示理解，再根据提供的理由简单明了地阐述拒绝他的理由。在家庭中，我们让孩子接受了被拒绝，孩子在外被他人拒绝时，才会更好适应、坦然接受。毕竟被拒绝才是人生的常态啊！所以，尊重孩子跟拒绝孩子并不冲突，我们既不能养出一枚“软柿子”，也不能养出一颗“玻璃心”！

当孩子沦为“小透明”，被排挤，父母该怎么办

很多妈妈向我咨询娃在幼儿园的状态：

“C妈，开学一个月，我被老师留下谈话五次，娃总是招惹其他孩子，真是丢脸又头大……”

“C妈，我家娃每天的状态就是不积极不反抗，不挨批评也不被夸奖，感觉变成了‘小透明’……”

“C妈，我家娃太胆小，老师指东不敢往西，太听话，感觉完全被老师忽视了……”

我们都希望孩子成为人群中最受欢迎的崽，老师眼中最受重视的娃。但在一个小小的团体里，有领队的“小队长”，也有服从的“小跟班”，还有后面跟着凑热闹的“小透明”，当然还有被排挤的“观望者”。你家孩子是哪一种呢？

杜克大学的约翰·科伊教授针对校园社交中不同类别的孩子做

过深入的研究，发现孩子可以被分为六种基本的类型。

第一种：大概有15%的孩子，会幸运地成为“受欢迎的孩子”。

受欢迎的孩子总会出现在所有“喜欢的人”的名单上，每个人都想和他们交朋友。这样的孩子在小团体中是最被信任和拥护的，而且社交能力和认知能力会更强。

第二种：大概有45%的孩子，属于“被接纳的孩子”。

除了最受欢迎的，大多数孩子都能得到同伴的喜欢和接纳，45%的孩子可以归到“被接纳”或者“普通人”的类型。和受欢迎的孩子一样，被接纳的孩子在认知能力和社交能力方面表现得都很不错。同时，他们没有很强的攻击性，很少做出破坏性的行为，喜欢与人交往。简而言之，他们都是正常、健康的孩子。

第三种：大概有10%～12%的孩子，属于“被排挤的孩子”。

这种类型的孩子可以分为两种类型，一类被研究人员称为“被排挤—顺从型”，另一类被称为“被排挤—好斗型”。这些孩子的社交风险是最高的，他们不被群体所接纳，甚至班级里有跟这些孩子走得近的，也会被群体视为异类。

第四种：有4%左右的孩子属于“被忽视的孩子”。

大约有4%的孩子在班里没有任何社会影响力，完全被同学们忽视。他们既不被喜欢，也不被讨厌，不突出，不受关注。这些孩子通常性格温顺，在班级中他们就像被遗忘了一样。

第五种：还有4%的孩子，被归为“受争议的孩子”。

这类孩子可能是班里的“丑角”，有些人喜欢，觉得他们很搞笑，有些人觉得惹人厌；也可能是小团体里的“小领队”，有些人把他们当作偶像，另外一些人则厌恶他们。

第六种：20%是定位模糊的孩子。

也存在一些孩子定位比较模糊，不能被单纯归类到以上任何一种类型。

爸爸妈妈们可以了解和评估一下娃在群体中所处的类型，在日常的养育中，给孩子提供相应的帮助。

父母都期望孩子是最受欢迎的那一类，但其实比起孩子受不受欢迎，结交到真正的朋友，能顺利正常地社交才是最重要的。

只是不像“受欢迎的孩子”本身自带“吸引属性”，其他几种类型的孩子或多或少可能都会面临交友问题。

孩子从三四岁开始，就有了“小团体意识”，不管在幼儿园还是小区，他们都会成群结队一起玩，这是他们专属的“小团体”。而对于这种自发形成的小团体，父母、老师都是无法直接介入的，因为朋友不可能像买玩具一样买一个回来，也没办法代替孩子交朋友。但作为家长的我们，也不是全然无能为力，我们可以做的是，引导孩子如何去交到真正的朋友，开展自己的社交。

如何为孩子交朋友助力呢？

1.帮孩子寻找“低门槛”的社交机会

如果孩子没有合适的朋友，不敢主动结交，不敢主动融入群体。爸爸妈妈可以帮忙，筛选一些孩子作为孩子的交友首选。我常遇到大人不分青红皂白地“逼”孩子主动社交。

一个三岁多的小女孩见两个四五岁的女孩拿个娃娃玩过家家，

她很想加入，妈妈鼓励道：“你加入她们就行了啊，就去说‘姐姐我也想一起玩……’”结果呢？孩子鼓足了巨大勇气表达了想一起玩的想法，而大姐姐们一人一个白眼：“我们不跟你玩。”三岁的孩子“哇”的一声就哭了！

人家两个孩子玩得正起劲，跟新来的又不熟，如果后者没有任何值得被吸纳进去的价值，人家不接受，再正常不过。

这就是我们所说的，社交中结交的门槛太高了。那什么样的孩子（人群）属于低门槛呢？

在带CC社交的过程里，我发现以下这几种对于“社交小白型”的孩子是首选。

（1）年龄差不多的、在独立玩耍的“某一个”孩子

道理很简单，你需要朋友，他可能也正需要。年龄相仿的孩子，心智和乐趣都更相似。

（2）一群孩子中带头的那个“受欢迎的孩子”

这类孩子更热情，对生人的接纳度也更高，而且一群孩子的游戏模式更为开放，多一个不多，少一个不少，有时候跟着疯跑几圈，滑上几圈滑板车就熟了。

（3）如果是加入两三个孩子，最好有年龄差或自带新鲜玩具（玩法）

上面那两个女孩亲密玩过家家的类型，突然来的陌生人是较难融入的，但也不是不可以，后来CC也多次成功“打入”内部。要么是因为年龄相差大，比如两个大姐姐玩过家家，缺个孩子，缺个看家的、买菜的，这个时候就能顺利顶上去。要么是因为带了个新

鲜的玩具，虽然有点小心机，但新颖的玩具或者玩法也能让两个人接受这个小小“第三者”。只要认识了，以后就玩熟了，娃也不会永远都是跟班或者“第三者”角色。

2. 教给孩子一些搭讪的方式

大部分孩子之间的友情都是自然而然地形成的，不需要父母刻意干预。但如果孩子不是主动热情的“自来熟”类型，爸爸妈妈可以给孩子示范，甚至教给孩子一些“搭讪”的技巧，与对方互动。

有一次CC在室内游乐园里对一个小姐姐莫名有好感，但是有点不知所措，不知道如何去搭话。

我就告诉CC：

你可以和她一起去玩蹦床，或者荡秋千——接近；

玩海洋球的时候，可以邀请她一起去玩海洋球捉迷藏——邀请；

你把小饼干分给小姐姐一块——分享；

如果你喜欢这个小姐姐，你可以告诉她，你长得真好看，你的发卡真好看——夸赞。

这些都可以主动去沟通的哦！

CC用的是“接近”技巧外加卖萌，她看小姐姐在玩荡秋千，她也去玩，并绽放了一个超级阳光的笑容，俘获了小姐姐的心，跟对方成了很好的玩伴。

友情的开始就是这么简单！

3.做一些深入社交帮助孩子巩固友情

现在的孩子很缺朋友的一个重要原因，是他们缺乏足够的社交互动。

想想咱们小时候，一个大院的孩子每天放学之后就一起玩，有足够的时间深度互动。

但现在的孩子，大门不出二门不迈也就罢了，好不容易交到的几个朋友，今天这个有课，明天那个要出门，下楼只能“碰上谁算谁”，友情得不到巩固，孩子们觉得不熟，自然就给社交平添了很多障碍。所以父母多创造条件帮孩子巩固友谊也是义不容辞的责任。

幼儿园和小区里，跟CC玩得熟的几个孩子，我们大人也都慢慢熟了起来，后来组了一个微信群，一个最重要的功能就是相约一起遛娃。有时去公园，有时去室内游乐园，有时去水族馆，等等。

在这种很多家庭参加的聚会中，能够观察出孩子跟其中的哪一个小朋友处得来，然后再约私下的一对一的互相串门或周末遛娃。孩子会把“来过家里的小朋友”当“特殊的朋友”去对待，孩子们之间的小友谊也会有所升华。

有些妈妈可能会觉得，交朋友这种事，父母干预得太多真的好吗?

C妈想说的是，要看孩子的年龄段。

如果是处于三到四岁这个社交敏感期，孩子真的很在意自己有没有朋友，所以找到固定的玩伴就很重要。否则，他会感觉被孤立，越是有这种感觉，越是不敢往前迈一步，这个时候，父母就可以“推一把”。

在CC三岁左右的时候我们搬过一次家，当时她便处于这个阶段，不敢主动交新朋友，总觉得没人跟她玩，但我跟C爸主动地“推”过她几次，如愿交到好朋友之后，她便再没说过这样的话，也再没自我怀疑过。如今CC下楼，我已经不常跟下去了，只是不时在楼上看看，如果有相熟的朋友自然不用操心，就算没有相熟的，她也能迅速找到玩伴。

作为父母，我们没有办法替孩子策马奔腾于人生之路，但是扶他上马，帮他坐稳，这一步是可以的，也是应当的。

孩子的东西被抢，是生气还是忍让

有一天，电梯里遇到邻居带女儿妞妞回家，往日见我就打招呼的小姑娘一脸不开心，我不解地望向邻居，她气急败坏地和我说：“现在有些家长咋这样不讲理，毫无底线地惯着孩子！”

咦，此话怎讲？我丈二和尚摸不着头脑。

细问下来，原来是当天邻居带着三岁的女儿到楼下玩，遇见一个比女儿小一些的小男孩，小男孩二话不说就抢走了妞妞手中的布丁，吓得妞妞愣在了原地。当时，妞妞噘着嘴说：“这是我的！”

对方的奶奶当时就在身边，只是象征性地说了大孙子一句：“快还给姐姐。”在小男孩拒绝归还，阻止自家大孙子无果之后，奶奶便没了后续制止行为。看着妞妞想要抢回来的架势，小男孩的奶奶反而拦住妞妞，笑吟吟地对妞妞说：“弟弟小，不懂事，妞妞是大姐姐，不跟他计较，布丁就让给弟弟尝尝，奶奶这儿有饼干，把弟弟的饼干给你好不好？”

妞妞不愿意，上手就要去抢回男孩手里的布丁。男孩奶奶当下就把孙子护在身后，一边说：“这孩子脾气咋这么大？弟弟也给你饼干换着吃呢，小朋友要分享。”

为了避免尴尬，邻居赶紧安慰妞妞：“家里还有布丁，这个就给弟弟好不好？”妞妞听完当即就大哭起来。

我听到这里，禁不住问她：“然后呢？你没帮孩子要回来？”

邻居一脸无奈地说：“要啥要啊，都住一个小区，低头不见抬头见的，哪好意思要，而且一个布丁也没多少钱，直接要显得多小气。再说，我也想让孩子养成爱分享的好习惯。”

这哪是一个布丁的事，这分明是孩子物权的问题。自己的东西被抢走了，还要被教育一番“要分享”，这也太欺负人了。而且，分享和被抢压根是两码事好嘛！

分享是自己心甘情愿地给别人，而他人不管我愿不愿意就拿走，那是抢，往小了说是自私霸道，往大了说严重了那就是犯罪。

很多人会说：道理我都懂，但是在一起玩的孩子一般都认识，不好意思找他要回来。就像我这位邻居，大家住一个小区，对方又是长辈，虽然心里气愤，但碍于面子也不好发作。

在电视剧《我的前半生》中有句经典台词：面子是人最难放下的，有时也是最没有用的东西。

乐于分享是美德，但强迫分享则是剥削和伤害。

我们都知道孩子两岁以后进入物权敏感期（自我意识敏感期），这一时期孩子自我意识开始形成，逐渐将自己与周围世界区分开来，开始用“我的”来宣告对事物的所有权，具有明显的“占有欲”，通过占有物品来确定自己的地盘。

而这个时候，孩子的物品，比如说那个小布丁、玩具，哪怕是捡到的一块小石头等，都是孩子确认自我边界的物品，一旦被抢走，就好比有人入侵了自己的边界，侵犯了自己的权利。

儿童教育专家孙瑞雪曾说道，自我意识敏感期是孩子未来构建人格最早期的映射，因为孩子未来要成为什么样的人，他未来的内心是不是强大，都源于自我意识敏感期。孩子“自我”的认知越清晰，将来内心就会越强大，也就越有利于自身人格的形成。

当自己的东西被抢走或者父母强迫孩子分享，都是对孩子“自我”的破坏，“我的东西我做主”这样的行为会因此被冠以“自私、小气、脾气大”等名声。这不就是变相地告诉孩子：你的权利不重要或被抢了就得忍着。久而久之，孩子就会一味地退让，缺少了保护自己的勇气和解决冲突的能力，不懂得保护自己的既得利益，在被他人侵犯时不懂得拒绝，只会选择忍让。

我有一个发小就是这样，她是家中老大，从小就被要求要让着弟弟妹妹。不管什么东西，只要弟弟妹妹看上了，她就必须给。在外也是这样，家里人要求她要乖巧懂事，不能给家里惹事。所以直到现在，她也不能很好地维护自己的利益，是出了名的老好人。谁找她办事或是要什么东西都不会拒绝，工作或家庭中受了欺负也不会吭声。虽然自己感觉难受，但就是没有拒绝和反抗的勇气。这难道是我们想要的“乐于分享”？

因此，当孩子遇到东西被抢的情况，一定要鼓励孩子去要回来。如果孩子需要帮助，别犹豫，帮助孩子一起去要回来。

当孩子的东西被抢了，我们需要怎么做？立刻“护犊子”？还是忍一时风平浪静？当然，都不是！

我们重在维护孩子的物权边界感，给予孩子面对冲突的勇气和解决问题的能力。所以，不留情面地帮孩子拿回来和一味退让都不可取。

首先，自己心里一定要有把尺子，不要告诉孩子“没关系，拿走就拿走吧，反正家里还有”，更不要强迫孩子去分享。

其次，如果东西的所属权明确，不管来抢东西的人是谁，是家里的兄弟姐妹，还是好朋友、同学，都需要明确告诉孩子：东西是你的，你不想给，可以要回来。

并告诉（示范）孩子专业用语：这个东西是我的（我先拿到的），我还想玩，请你还给我。

礼貌不失大气，如果要了一次，对方不还也别气馁，就这样坚定地、不依不饶地要，相信也没那么多不懂事的孩子和家长。若孩子失败了或不敢要，那就要家长出马了。当然，家长最好不要直接出手要回来，凡事都要讲方法。

CC小时候面对一些看上去比较“厉害”的孩子，最初不敢维护自己的权益，这个时候我会出马，蹲下来平视抢了东西的小朋友，礼貌而不失原则地说：“这是妹妹的，你要经过她的允许才可以拿，不可以直接抢哦。现在妹妹很喜欢这个，不想给别人，所以要拿回来。”说完，一定切记要孩子自己从对方手里拿回来。这样做，一是告诉孩子这是他的事情，爸妈可以帮忙，但最终还是要靠自己去解决；二是，咱不能以大欺小。

要回来之后，一定别忘了，也给予对方孩子安抚。

我通常会说："你可以试试，不直接抢，而是好好跟妹妹说'咱们一起玩行不行'？"

"阿姨看你的小汽车也很好玩的样子，你可以问问妹妹喜不喜欢，拿小汽车交换她的小陀螺。"

"妹妹的这个布丁你也喜欢是不是，阿姨下次专门也给你带一个好不好？"

这样做，对方孩子一般也不会过于伤心，毕竟对方也只是孩子，他的不当行为也只是受限于自己的认知，不要上纲上线认定对方就是坏孩子。

从长远的社交角度看，父母如果决定出面，永远是能帮孩子多交一个朋友，就绝不给他多树一个敌人。孩子最终会通过观察父母处理问题的方式，学习到如何不委屈自己，也不难为别人。

当然，具体情况还要具体分析，各位宝妈也需要开动脑筋，如何既维护自家孩子的利益，又不伤了和气。

最后，对于抢别人东西的孩子，家长也需要重视。

不能宠溺自家孩子，认为在外边谁都得让着你家孩子，让孩子肆意而为。也不能觉得自己孩子"厉害"，反正不能吃亏，就对孩子的行为放任不管。现在看似占了小便宜，若孩子的物权界限不清晰，认为所有想要的都是自己的，那将来是要吃大亏的。所以，若孩子存在抢东西的行为，一定要及时制止，循序引导。

首先，让孩子把抢来的东西还回去，如果损坏了或有其他原因导致归还不了，就用孩子其他的物品进行“赔偿”。其次，对自己的行为道歉。赔偿和道歉都是为了让孩子对自身行为负责，也让孩子感受失去自身东西的感受。

不管是抢与被抢，对于小朋友来说，这件事说大不大说小不小，但是家长的反应可能会影响他一生的性格。而我们的态度就是，帮助孩子确立界限感，不仅要尊重别人的边界，更要守住自己的边界。

一味远离和逃跑，只会成为欺凌的对象

近一个月来，小花园里玩的这几个孩子都不得“安生”，因为花园里来了一个拿玩具枪的大哥哥。

大哥哥上小学三年级，外号“石头”，逮着谁就拿枪“突突”谁，见谁就追着吓唬他。这几个小伙伴见他都跟老鼠见了猫一样，四下乱窜。

起初，我没在意，反正孩子们日常的活动也是各种追逐打闹。但有一次在回家的路上，CC说：

“我怕那个大哥哥，他总是追我们。”

C爸那天刚好也在，一脸正义地说：

“不用怕，爸爸保护你！”

“可是他有枪。”

我安慰道：“那不是真的枪，那是玩具，里面的子弹是软的。”

但是过了几日，我发现CC害怕的心情没有半分缓解，说起那位哥哥就怕得不行。

我便知不妥，大人觉得没什么，但是从孩子的角度来讲，那就是一个携带着“重武器”对准他、逃不掉也打不过的可怕敌人。

孩子们大抵是从心底里就怕极了，自然生不出敢反抗的勇气，几个小朋友都是见他就跑。大男孩见他们被吓唬住了，追得更起劲了。

于是，我准备跟这个孩子谈谈。

还是那句话，三四岁后孩子的社交冲突，大人尽量不插手，留给孩子们自己去解决，但是欺凌除外。

当孩子遇到来自强者的威胁时，父母是他唯一的依靠，这个时候一定要有所作为，让孩子知道他有依靠。简单的一句“哥哥就是跟你闹着玩呢”，或者“离他远点，别跟他玩”，缓解不了孩子的恐惧。

这天大哥哥又把几个小豆丁追得一哄而散，CC吓得跑到我怀里，他也追了过来，我问他：“你几岁了？叫什么名字呀？上几年级？”这个孩子很外向，超爱说话，不仅一一作答，还跟我讲他家有两只乌龟，一只有手掌般大，一只只有手心般小，还有他家的20多条鱼，说完就又去追赶小朋友们了。CC照例跑回我怀里，小男孩也追了过来要吓唬她。

我跟CC说：“这个哥哥现在是我的朋友了，我知道他的名字叫石头，他上三年级了，你可以叫他石头哥哥，他家有两只乌龟。”

“石头，给小朋友们说说，你家的乌龟长啥样？”在我的引导下，石头不厌其烦地又将跟我说过的话重复了一遍。

CC跟其他小朋友好奇地听着。

我心想，教孩子战胜恐惧的第一步，就是放下心理防线，心里的防线放下了，才能生出勇气。

“那么，石头哥哥是不是可以保证不伤害小朋友们，只是跟他们逗着玩？”

“我没想伤害他们。”

其实这句话是给CC的定心丸。

我们有恐惧，是因为对对方力量的未知，恐惧一旦消失，不仅有了勇气，而且看待人和事的观点也不一样。

那天的后半段，石头哥哥没有半点收敛，依旧是逮着谁“突突”谁，看见谁就追过去吓唬谁。但我已经明显感觉到CC不怕了，因为她跟小伙伴们说：“知道吗？那个哥哥的名字叫石头，他家有两只乌龟。”

攻人先攻心，想让孩子有勇气，得先从心上打开一个入口帮他浇灌进去，绝不是两句口头鼓励就可以达到的。

又过了两日，石头哥哥跟CC说：

“我不喜欢别人叫我石头，那是我小名，我大名叫景文。”

CC听话地说：“好的，景文哥哥。”

现在他也成了CC常驻玩耍嘉宾中的一员了，而且，变成“自己人”之后，明显对CC照看有加，当其他小孩欺负CC的时候，他还能保护CC。

回家的路上我问CC：

“你还怕石头哥哥吗？”

“不怕了，景文哥哥现在不吓唬我了，可是为什么他不认识我的时候老吓唬我？”（傻孩子，那是因为你的恐惧心理在作祟啊。）

所以对于别人吓唬你这件事，逃跑没有用，你越逃跑，心里就越害怕。别人不会因为你害怕而停止欺负你。只有勇敢地面对他，才会有不一样的结果，而且说不定还能收获一个朋友。

而通过这个事件我也明白，对于父母而言，且不论对方到底是什么样的人，让自己的孩子心中有勇气，才是反抗被欺凌的终极武器。

如果爸爸妈妈能帮孩子澄清社交的一些误区，让孩子不局限在自己的认知里，可以更全面地去看待人和事。

但不可否认，即便是四五岁的孩子之间也会存在欺凌，这样的情况就不一定适用文中的教导方式了。不过据我的观察，这个阶段“真正的欺凌”其实并未成既定事实，还是有回旋的余地。

就拿上述的例子来说，如果在学校发生这样的情况，父母没有及时察觉，被欺负的孩子越来越怕，吓唬人的孩子越来越强，就真的可能会成为欺凌事件。对于那些“坏孩子”，比起远离和逃跑，我觉得换一个角度让孩子去接触和了解才是最好的方式。

我也见过强势的父母，自己的孩子在花园里玩，被班上其他男孩子欺负了，父母当众让对方道歉，甚至威胁说要第二天告诉老师，让欺负人的孩子下不来台。迫于大人的压力，欺负人的孩子道歉了，但是扭头就跟班上其他一起玩的伙伴们说，以后大家都不要跟他（被欺负的孩子）玩。被欺负的孩子听到后哭得更大声了。

父母觉得眼下被欺负的这口气出了，但你保护不到孩子的那些时候，孩子如何自我保护呢？包括孩子感觉自己被孤立、别的小朋友不跟他玩的例子，有的父母会跟孩子说："他们不跟你玩拉倒，妈妈跟你玩，或者咱找别人玩。"这都不是在帮孩子，反而会让他更孤立。多一个敌人不如多一个朋友，对于内心不够强大的孩子，这点尤其重要。就算你不帮孩子多交一个朋友，也千万不能帮他多树一个敌人。

而面对被孤立和被欺凌的情况，家长还是要帮孩子分析根本的原因。

比如对方不跟你玩，是因为你的错，还是对方的错。有的时候，是孩子自己不守规则，有的时候是对方不守规则。自己的原因，就应该反省和道歉；对方的原因，就要做到不卑不亢。有的时候只是简单的心情不好，那就告诉孩子，每个人都有心情不好的时候，这个时候他不想跟你玩，可以体谅，你可以先去跟别人玩；还有的时候，就是看你不顺眼，能争取成朋友的尽量争取，不行的话，那就不能强求了。

不管是哪种情况，都可以跟孩子分析具体的原因，自认为被不友好对待了，对方是对事还是对人，抑或是心情原因，比起帮孩子出气，最终还是要教会孩子自己去学着判断和处理。

逃避、忽视，一直依赖父母，都不是好的方式，孩子只会越发不敢交朋友，或者越发脆弱，不能接受朋友间的磕磕绊绊。内心强大的孩子都会有自己正确的社交观，不卑不亢，不欺凌也不讨好。而三到六岁这个阶段奠定的是孩子今后人生的社交基石，不容忽视。社交问题中，父母要不要插手，该如何插手，是一件很巧妙的事。做对了，有四两拨千斤之效；做不对，搞砸没商量。

同龄人之间的欺凌，最重要的是教孩子自己学会反抗

有一天我去接CC放学，老师一见我便嘱咐道："您等一下。"每次被留下，一定没好事儿。等所有小朋友都接走了，我和另外一个孩子的姥姥被留下了。

老师通知我们："您家两个孩子今天打架了。"老师分别向两个孩子问了事情的经过，起初是口角争执，然后班上的那个小女生先动手推了CC一把，CC觉得对方推得有点重，就还手了，然后俩人就打了起来。

我回头看此时的两个孩子，她们早已好得如胶似漆了，一会儿搭积木，一会儿跑闹追逐。跟两个大人"被留下"的状态，全然两个画风。既然没有大事，两个孩子也重归于好，老师交代完，我们就各自把孩子接走了。

出了幼儿园，我自然要细问CC这件事的来龙去脉，她跟老师

说的也差不多。我跟她说："你会保护自己这点很棒哦，如果感觉自己被欺负了，妈妈是支持你还手的。"没想到CC说："老师这次也没有生气，听我说完，她还笑了，给我竖了一个大拇指。"我猜老师应该是笑她那句"我觉得她推我有点重"吧。细琢磨这句话，还是很有意思的。

我知道幼儿园老师的处事方法，面对小朋友打架，一般首先就是问谁先动手，然后就是问是不是故意动手的，最后就是看彼此的受伤情况。一般是谁先动手谁有错，但如果先动手的人非故意，"还手方"却小题大做，那老师也会"各打五十大板"；对于还手过激的小朋友，老师可能还会批评，因为对方可能只是无意拽了或者推了一下。遇见俩人都说不清，或者都有错的，一般也是罪责共担，两人并罚。但CC这句"我觉得她推我有点重，就还了手"，显然就是明确表达自己只是正当防卫。

可见，平日里CC为了给自己多争取点权益，她在家跟我摆事实、讲道理，有理有据磨嘴皮子的功夫也不是白练的。

借着这件事情，想说说孩子们打架的问题。一般孩子从一岁开始就会无意识地打人，两岁之后不知道正确的表达方式还是会打人，三岁以后自己气得不知如何是好，还是会打人出气。我跟CC的幼儿园老师也做了深入交流，她表示进入四岁之后，班上常常会出现小朋友间打架的情况，但这个时候，显然已经不是刚入园时那种不知道轻重的无意了。这个阶段的很多争端都是故意的，甚至说是恶意的。例如：

有的孩子会伸着腿跟其他小朋友说：就不让你过。

有的孩子会故意拉走前排小朋友的座椅，让他摔个屁股蹲儿。

还有小男生把另外一个小男生欺负到几天都不想上幼儿园。

往轻了说，有些是恶作剧；往重了说，有些就是校园欺凌。

真正的社交已经开始了，你的孩子准备好了吗？对不同阶段的孩子打人事件的处理方式，你都处理对了吗？在前期的养育工作中，我们又能做些什么呢？

不要一直跟孩子强调没关系。

一天接了CC后在操场玩，我们几个妈妈聊天的时候，与CC同班的一个小女生哭着跑过来说："妈妈，强强推我。"强强是他们同班同学，妈妈直接安慰孩子说："没事，他肯定不是故意的，你们都是一个班的。"但妈妈其实并不知道两个孩子之间到底发生了什么。

从我个人角度理解，强强是他们班上最小的一个同学，比很多孩子足足小了一岁，确实应该不是故意的。只是，故意与否，不应该由妈妈说了算。就算不是故意的，也不能一直跟孩子强调没关系。"不是故意的"不是借口，不是挡箭牌，不代表伤害不存在。

因为跟这位妈妈关系极好，我便跟她交流了之前老师说过的，这个年纪的孩子在社交上的一些变化。她表示很难相信，三岁前还具有严重排他性、只跟本班同学玩的小豆丁们，四岁怎么就学会欺负人了呢？于是，她也明白了，不应该全然不顾孩子的感受让孩子选择原谅，孩子可能确实会很宽容、很善良，但你怎么知道没有把她往挨欺负的角色上推？即便对方不是故意的，或者已经诚恳地道歉了，父母也应该给予孩子及时的引导。

有次CC也是跟好朋友一人拿一根刚修剪下来的小柳条跑着玩，结果朋友一不小心就把柳条抽到了她脸上，对方急忙解释不是故意的，然后吓得跑掉了。

安抚CC哭得不那么厉害之后，我没有强调小朋友不是故意的这件事，我问她："你很疼吗？还是吓了一跳？"

她说不是太疼，就是吓了一跳。

然后我才说："柳条太长了，你们太小，控制不好距离，小朋友不是故意的，你还想跟小朋友一起玩吗？还是想回家？"

她说还想一起玩，然后又去玩了。

其实并不需要大人刻意做什么，只是认同孩子受伤的感受，帮他明白自己的感觉，以及确定自己对此事的回应。接着一起玩，就是原谅了；不接着玩，就是不能释怀，也无须强迫。

教会孩子求救，但更要教他学会自救。

很多妈妈都嘱咐孩子，"不要跟小朋友打架，如果有人欺负你，就要告诉老师，跟老师求助"。但事实上，求救只是自我保护的一个方面。

老师也不能对孩子"挨欺负"的程度感同身受，被小朋友踢了一下，也许他自己觉得很重，但老师可能觉得没什么，或者老师当下有更严重的纠纷要处理，可能就忽视了。

而且老师顾不过来那么多孩子，如果不管大事小事一直告状，老师还会觉得孩子小题大做，为了不助长这种风气，对于不严重的问题，老师可能会选择性不回应。

面对同龄人之间的这种欺凌，比起求救，更重要的是教孩子自己学会反抗，教他接纳自己的感觉。告诉孩子如果觉得受到了威胁，可以用语言，也可以用肢体反击。如果都不奏效，那就说明事情很严重了，可以求救于老师。向不了解状况的老师求救，也要有理有据地讲清来龙去脉，一味地哭是争取不到公正的。

学会保护自己，这不是上了幼儿园之后才应该学会的事，我们应该尽早教给孩子，被欺负时他可以怎么办。

另外，孩子三岁之后，家长要试着放手，鼓励孩子自己处理一些简单的争端，而不是随时向妈妈求助。

当孩子求助的时候，家长要鼓励孩子描述发生了什么，是怎样发生的。即使孩子说话还不利索，家长也可以跟他复述事情是如何发生的。

总之，还是那句话，你护不了孩子一辈子，既然护不了，就有义务教会他生存的技能。

当然，我也不是鼓励大家小题大做，对来自更小孩子的，或者小伙伴之间的非故意的打闹，也要鼓励孩子多些包容，学习坚强。这也是一个孩子被其他小朋友接纳的社交基础，毕竟谁也不会喜欢跟娇气包、爱哭鬼一起玩儿。具体情况具体分析，随着孩子慢慢长大，咱们的对策也要不断升级！

在力量悬殊的社交争端中，妈妈如何正确地插手

有天接CC放学，我到得早了些，便坐在幼儿园门口的板凳上等着。突然听到身边有位小姑娘，三岁左右的样子，哭着找妈妈。

细听了两句，就大概听出了始末。

这个小朋友正在跟一个小姐姐玩扮家家，两个人摘了一些树叶在“做饭”，不知为什么，小姐姐抢走了她的全部树叶，她跑到妈妈这里来求救。可是妈妈却温柔又坚定地说，“那是你跟小朋友之间的事，你们要自己解决，妈妈不插手你们的事”。

孩子听完哭得更大声了。

妈妈又发话：“你可以跟小朋友说‘这是我的，我还没玩完’，你应该自己去要回来。”

孩子依然哭着央求母亲帮忙。恰好，抢走她树叶的小姐姐又冲她做了一个鬼脸，小姑娘气得边跺脚边哭。

妈妈说："发脾气没有用，你要想办法自己去解决问题。"

最后奶奶说："我再给你摘一些，不就是叶子嘛，树上不有的是嘛，咱们摘更多的！"

全程看得我五味杂陈，好想冲过去帮小姑娘把叶子要回来。

其实很多妈妈都留言问过我，孩子之间发生冲突，父母要不要插手？有的人像刚才说的这位妈妈一样，认为孩子之间的事，应该让他们自己去解决，大人插手就剥夺了孩子自己解决冲突、锻炼社交能力、处理人际关系的机会。而且大人插手，多少有些以大欺小的嫌疑。

对于势均力敌的两个玩伴，以上的处理方式我基本没有意见。势均力敌是什么概念？不是你三岁我三岁三个月，也不是你90厘米我93厘米，更不是你28斤我29斤，而是两个孩子在心智发育和人际关系处理能力上不相上下。

1. 首先，两个人都能流利地表达自己的主张

这种流利有两种：一种是语言表达上的，另一种是心理上的。

比如三岁以下的小豆丁们，语言表达都不过关，孩子说什么大人都不明白，你还能指望他的同龄伙伴能懂吗？

这种就需要父母干预了。另外一种是语言表达没问题，但是心理上可能还没做好准备。

就像刚才说的那个小姑娘，虽然她跟妈妈表达得已经比较清楚了，但是她在心理上还没有足够的勇气在别人面前维护自己的权益。

2. 其次，发生冲突后控制情绪的能力相当

表达想法只是交流的第一步，因为第二步很有可能就是“谈判”失败。这个时候，孩子们发泄情绪的方式就很重要了。

如果是小哭小闹，或者来回推对方几下，还算是在正常的范围之内。但是如果某一个孩子情绪完全失控，出现歇斯底里或者暴力倾向，对另一方造成压倒性的身体欺凌和心理惊吓，那父母就必须出面干预。因为这种情况说明孩子还缺乏成熟的行为能力去处理社交问题，不管他现在几岁，妈妈都需要将他抱离现场，先让他控制好情绪。如果是自己的孩子，我们不能任由他去欺负别人；如果是对方的孩子，我们也不能让自己的孩子做待宰羔羊，任由别人欺凌和惊吓。

那么不势均力敌的孩子之间就不能社交了吗？不是，也不可能做到不交往。孩子的社交范围就那么大，楼下小花园、游乐园，哪里能处处都找到刚刚好的玩伴呢？

社交冲突是培养社交能力的必经之路。

生命初期的成长过程，每个孩子都避免不了欺负人和被欺负，这对孩子来讲也是一种非常重要的社交体验，唯有如此才能明白社会不是像家里那样，所有人都让着他。我们没有必要刻意去回避这些冲突，我们应该做的是教孩子正视并学会处理这样的社交问题。只要父母处理得当，同时感受过这两种角色，会更容易让孩子树立正确的社交观。人不犯我，我不犯人；人若犯我，我也不好惹。

慢慢地，他才会明白：怎么做是对的，怎么做是错的，错了怎么改才是对的；被拒绝了要懂得调整心态，拒绝别人言辞要有礼貌。

所以，在力量有悬殊的社交争端中，妈妈们如何正确地“插手”就显得很重要。

回到开篇的例子，我同意那位妈妈的大部分做法，这基本也是处理孩子之间发生“非激烈冲突”的标准模式，她做到了跟孩子共情，也鼓励了孩子去勇敢表达。但是却忘了一点——自己孩子的性格和社交能力的真实水平。

社交能力不是直接把孩子推出去就能逼出来的。孩子不会天生保护自己，他们需要在观察父母如何保护他们的过程中，慢慢学会保护自己。

小朋友之间的互动可以到什么程度？别人欺负自己时该怎么说，要怎么做？维护自己的权益被拒绝时该有什么样的态度？父母得先陪他走一遭，他才知道怎么做啊！孩子不是到了三岁就能自动学会有礼有力有节地谈判的。

如果孩子到了某个年龄却没有达到相应年龄的社交能力标准，一种是孩子的性格原因（有的慢热或不善交流），另一种一定是因为父母没给他足够的、正确的社交体验。

我们当然要鼓励孩子自己去探索社交模式、处理社交问题，但他迈出这一步的前提是父母给了他足够的安全感。

安全感就是让他明白，即便沟通失败，受了委屈、受了打击也没什么好怕的，父母永远是最值得信赖的求救对象，永远会站出来保护自己。

相反，如果父母没有做出任何让孩子有安全感的支持性行为，反而让孩子感觉你眼睁睁看着却不帮他，逼他无师自通，让他自己去承担一切，试问，安全感从何而来？内心安全感都不足的孩子，又哪里来的底气向别人发出掷地有声的质问？

社交能力是一种日积月累的习得性能力，值得庆幸的是，从任何时候开始补也不晚。

如果你的孩子还没准备好，除了鼓励和共情，还应该义无反顾地去帮助孩子拿回属于他的东西。告诉孩子，不敢去也没关系，妈妈可以陪你，直到你自己足够勇敢为止。

看了太多的书才明白，理论终究是理论，它只是我们教育孩子的一个参考。理论上说，三岁之后非激烈的社交冲突可以交给孩子解决，但是这适用于每一个孩子吗？理论上说，九个月后夜间就不需要进食了，这适用于每一个孩子吗？理论上说……教育孩子的最高理论应该是“从心去爱”，在你认为孩子需要帮助的时候就果断去帮助他，去满足他吧，而不是照本宣科。按照标准的理论养不出一个有血有肉的好孩子，唯有正确的爱可以。

第六章

如何做足够好的父母

虽然在事发当下控制情绪很难，但这是可以做到的，只要告诉你自己，事情已经发生了，发脾气只会更糟。不要因为已经不能挽回的事生气或不安，而要专注于如何让它变得更好。

为什么孩子总是“玻璃心”，只能表扬不能批评

有天收到闺密群中一个闺密的在线吐槽：“我要疯了，快来救救我！”我们以为是啥火急火燎的大事，原来是陪娃写作业。

孩子在学写字母b。但每次娃都写得特别不规范，总是写得像字母D。开始闺密还有极大的耐心，结果每次都是刚提醒完写第一个还行，写着写着，就又放飞自我了。而且对修改这件事，显然娃有自己的想法，她没有听取妈妈的意见——擦掉重写。不是说上面太短吗？那我再给它接一笔。闺密说，“不是这样的！两笔能写完的字你为什么非要写三笔，而且接出来的多难看，你就记住第二笔往下一点不行吗”？

结果这小娃不知道是“执拗劲儿”犯了，还是怎么了，两个胳膊一抱，小嘴一噘，脑袋一扭，眼泪啪嗒啪嗒往下掉——不写了。闺密自己在那儿呼哧呼哧地生闷气，哄也不是，接着说也不是。跟

我吐槽说，“你说现在的小孩怎么都这么不经说呢？想当年咱们小的时候，谁不是挨骂过来的，淘气过头了还得挨两巴掌。你看看这个，简直是个小祖宗”。

我也收到过很多妈妈关于批评孩子的留言：在家只要话稍微说重点儿，眼泪就在眼眶里打转；犯了错挨老师批评，就闹着再也不去幼儿园了。

想来这是家家都会遇见的小事，但闹得更为严重成为社会新闻的也并不少见。记得看过一则这样的新闻：重庆的一个八岁小学生因为开学没做完暑假作业，小男孩被批评后，一气之下，选择了离家出走。当民警在离家20多公里处发现男孩时，他已经独自暴走了好几个小时。还有轰动一时的17岁男生跳桥事件：因在校与同学发生矛盾，遭到了母亲的批评，当车行驶至卢浦大桥时，男生突然推开车门纵身跳桥。这些事件让人忍不住思考，为什么孩子会出现这些极端的行为？

1.孩子到底为什么不能批评呢

著名心理学家卡罗尔·德韦克曾做过一个关于批评的实验，或许我们能从中找到答案。

实验选择了600名幼儿园的小朋友，将他们分为三组，完成各种任务，其中之一是让孩子用积木搭房子。

针对孩子们出现的错误，老师给予三组孩子三种不同的批评方式。

（1）针对孩子个人的批评（个人导向型批评）

评价指向孩子自身："你做得不好，我对你很失望。"

（2）指出错误结果的批评（结果导向型批评）

评价指向任务的结果："你这样搭可不对，你没把窗户搭进去，房子怎么能没窗户呢？"

（3）过程导向型批评

简单指出错误，考虑其他可能性："窗户落下了，你可以再想想别的办法，也许能搭得更好。"

最后，研究者测试了这三种批评方式下孩子的自我评价、情绪感受等指标，得出的结论是：成人批评的方式会影响孩子的性格和思维。

接受个人导向型批评的孩子，会感觉自己很糟糕、不自信，直接伤心到索性不继续玩了。

接受结果导向型批评的孩子，会有种无力感，在没有解决问题前就选择放弃了。

接受过程导向型批评方式的孩子会更积极，愿意尝试更多方法。比如，"把屋顶拆下来，把窗子装上去，或者用剪刀剪出窗子的形状，用胶水粘到积木上"等。他们会更加心悦诚服地承认自己没完成，且会坚持完成任务。

通过这些结论，我也渐渐明白了，其实孩子是可以批评的。为什么有的孩子被批评后出现过激反应呢？可能就是我们的批评方式不对。

就比如我们的批评经常是这样的：

“这道题又做错了，又少了一个1！”——指出错误结果的批评

“你看你怎么又抢人家的东西！”——个人结果批评

“你这孩子怎么这么折腾！”——个人结果批评

其实孩子是很聪明的，他们看大人的脸色，就已经明白做错了。再说更多批评的话，反而会加重孩子的羞耻感、内疚感，起不到什么建设性的作用。

2.那应该如何评判孩子呢

尹建莉在《好妈妈胜过好老师》中说：我们可以批评孩子，但一定要选择合适的方式批评，要以保护孩子自尊心，树立自信心，培养他们的某种能力为目的。因为批评孩子并不是我们的目的，最终的目的其实是正面的引导。

（1）同理孩子的感受——孩子是可以犯错的

为什么有的时候我们总是忍不住发火呢？因为我们总是以大人的角度去看待这件事情的对错，然后第一反应就是说教。比如，把水倒到地板上。

孩子觉得：水弄到地板上溅起来的水滴特别好玩，他只是在研究为什么水在地板上会溅起来。对于他们来说，这只是探索。

大人觉得：水弄到地板上会弄脏地板，甚至还会滑倒，所以我们大人觉得水弄到地板上是一件错误的事情。

所以一旦孩子犯了我们认为的错误，我们就会忍不住发火，完全忽略了孩子犯错背后的原因。不妨在孩子“犯错”的时候，我们批评之前，先冷静下来，听一听孩子的解释。

而且，我们小的时候，谁不是从穿着雨鞋踩在水坑里吧嗒吧嗒玩“溅水花”过来的？再者说，我们小的时候不也常常犯错？

（2）批评孩子——利用成长型思维

在询问孩子的时候，要用无人称的句式问孩子：“发生了什么呢？”而不是以人称“你”开始。

“你做了什么呢？”

“你怎么回事？地板上为什么这么多饭？”

想一想，这些语气有没有很熟悉的感觉？

记得有次跟CC的姥爷、姥姥还有小姨一家去野外烧烤，大人们做饭，CC的小表弟像小跟班似的跟着CC到处跑。

那时小表弟还不太会说话，我们嘱咐CC要注意看护弟弟。

不一会儿，传来了小表弟的哭声，回头一看，小表弟呈一个“大”字趴在了一个土坡上，嘴边还沾着土。而CC站在旁边，双手前伸，显然是刚做完一个推人的动作。

我赶忙跑过去抱起小表弟，问：“CC，你怎么回事！”（虽没有直说，但其实语气里已尽是批评和指责了。）

CC手足无措，顿时也泪眼婆娑了。

“妈妈，我讨厌你！”

后来姥姥赶来救场说：“好了好了，都没事，快过去吃肉了。”

孩子们又都美滋滋地跑去吃肉了。

后来回家的路上复盘这件事情时，才得知原来是小表弟上小土坡比较困难，CC想推他一把，也不知怎么的小表弟就摔倒了。CC在说这件事的时候，她仍然委屈地哭了。

自此之后，再遇到这样的事情，我都会说："是发生了什么吗？"因为，你去询问的时候，已经预设好了事情的发生是因为他，被误会的孩子一定不舒服。当你用"发生了什么吗"这种比较中立的方式提问时，他会更愿意说。然后再加以引导，和孩子一起分析再发生类似的事情，怎么做最好。

我跟CC讲，"在背后推人的时候，要提前跟别人打声招呼，让他有心理准备。人在上坡的时候突然被别人从背后一推，很容易摔倒；如果你站在他前面拉他就不容易摔倒"。这样孩子自然而然地也会形成成长性思维，把错误看成一个学习的机会，批评才能达到效果！

（3）不要旧事重提

有的家长批评孩子的时候，容易翻旧账。

明明是在说目前的错误，结果说着说着就开始说之前的事情，恨不得把所有的"账"都翻一遍。比如，做数学题。

"你这道题，怎么又错了，上次也是这样的题，还有之前……"

这种做法容易让孩子厌恶、反感。他会觉得，家长只记住了他的缺点，压根没有看到他的优点和改进的地方，于是就破罐子破摔，自动屏蔽你的批评。

况且，提之前的事情反而会模糊现有的错误，所以家长在批评孩子的时候，要把握好重点，只针对现在的问题，才更有针对性，才有助于加强孩子的认知。

（4）不忘保护孩子的自尊心

每个人都是有自尊心的，在人多的时候批评孩子，不仅起不到教育的效果，还会伤害孩子。

尼尔森在《正面管教》中说：当我们注意维护孩子的尊严，尊重孩子并且态度坚定时，孩子很快就会明白，他们的不良行为不会得到自己想要的结果，这会激励他们在保持自尊的情况下改变自己的行为。

当然，如果破坏了孩子的自尊心，其他的努力也都白费了。

说了这么多，你是不是也发现，批评孩子也是个技术活？批评对了，孩子会因为你的指点和督促进步更快。但批评错了，孩子可能破罐子破摔。更严重的，孩子可能会因为你的打击而因此沉沦。一念之差可能会影响孩子一生！

批评了这么多年，你批评对了吗？

孩子发脾气后的沟通和复盘，才是教育的终点

每次孩子发脾气，都是山雨欲来风满楼的感觉。但是过来人会用经验告诉你，孩子发脾气，来得快去得也快，小孩子嘛，好哄。所以很多人拿“孩子发过的脾气”不当回事，觉得过去了就是过去了。然而发完脾气后很重要的一件事——沟通和复盘，很多人都忘记去做。

有的时候，孩子正在气头上，你转移注意力之后，他情绪已经平和了，你觉得没必要再谈了。比如，孩子非要买冰棍，你转头指给他看一只蜻蜓，他看见蜻蜓忘了冰棍，大人也就不再提起。

有的时候，我们用大人的身份迫使孩子遂了我们的愿，你觉得既然孩子依从了你，就没必要再谈了。比如，孩子在超市里非要买类似的玩具，在你拒绝后，他大哭，哭完不再接着要了，你觉得事情就此解决了。

还有些时候，事发时不方便谈，但事情过后，你又不知道该从何谈起了。比如，小表弟的生日宴上，CC应该把点蜡烛、吹蜡烛、切第一刀蛋糕的机会都留给弟弟，但是她很不甘心。在生日宴上，当着亲朋好友的面，她大发脾气，在座位上闷闷不乐。在马上被分到蛋糕后，她又变得开开心心了。

当“暴风雨”过去，“海面”平静之后，我们习惯把它们抛到脑后，甚至假装这些不愉快从未发生过。但如果孩子发完脾气之后、做错事情之后、哭过闹过之后，我们不去沟通、不去复盘，就错过了一个很好的教育机会。这种解决问题的方式，对孩子的影响是深远的。

不如，让我们先来预想一下孩子20年后的生活。假如一个妻子跟她丈夫的相处模式，就是我上面提到的方式，那么他们的情况可能是这样的：

也许妻子睡前忘记洗碗了，第二天丈夫要冲一碗麦片做早餐的时候，才发现没有干净的碗可以用，而此时他快要迟到了，他可能会生气，不吃早饭就出了门。又或者，妻子认为周六的上午，丈夫应该抽出时间带孩子下楼玩一会儿，但丈夫拖拖拉拉找各种借口拖延，妻子摇摇头，只好自己带着孩子出去玩。事后夫妻双方都不再提起这些事，甚至假装这些事从没发生过，继续其他家庭生活。但是，这样发展下去，绝不会是一段健康长久的婚姻关系，里面会掺杂各种委屈、不满。

很多时候，我们只想把一些烦心的小事压到水面之下，然后好似风平浪静地继续前行。但不幸的是，这并不是一个明智之举。

如果你以同样的方式养育一个孩子，那么就会给他的后半生埋下一个祸害。这就是为什么孩子发完脾气，事情依然不算结束。研究表明，当孩子们学习如何以积极的方式处理冲突时，他们的自信和自尊会增强，并且会成为有创造力的问题解决者，双方的情谊也会更牢固。

就像在健康的婚姻中，积极应对冲突的一个重要部分就是等待每个人都冷静下来，然后回顾发生了什么。我们谈论它发生的原因，谈论各自的感受，以及今后避免的办法。也许会有争吵，也许会有冲突，但是待事情解决之后，我们都知道，彼此的心里没留下“疙瘩”。

对于孩子更是如此，他们跟成人本就不平等。很多事情都是大人拍板决定的，他们根本没有反抗的余地。

我认识一位朋友，他事业有成，儿女双全，却总觉得自己不幸福。说起父母都是怨，他怨父母对兄弟姐妹偏心，怨父母小时候对自己的错怪，也怨父母的独断专行。往小了说，积下的是怨；往大了说，那就是恨。虽然看上去埋怨的是父母，但真正耽误的却是自己。如果从小到大，都生活在这种冤不能申、愤不能平，没有任何理由就被拒绝的养育环境之中，那么长大之后，这些情绪统统会化为职场里、婚姻中无尽的委屈。

在养育孩子的过程中，孩子发脾气的时刻，才是养育孩子过程中最重要的时刻，也是父母教育意识所在的时刻。而发脾气之后的沟通和复盘才是所有教育的终点，也是所有关系修复的起点。

拿CC在小表弟生日宴上发脾气举例。

虽然整个后半程她都恢复了正常的快乐状态，好似这件事已经过去了，但晚上她临睡前，我还是坐到床边跟她说：

“我们需要聊聊小表弟今天生日会上的事。”

“我不想说。”CC直接拉被子盖住头。（其实这就说明，在孩子心中，这件事还是一个心结。）

“我能拉着你的手吗？”

“不能。”

“我能握着你的脚吗？”

“不能。”

“我能摸着你的鼻子吗？”

“不能。”她终于有了一丝笑意。

“那我能抓着哪呢？”

“你可以握一根手指。”她从被子里探出头来，伸出食指给我。

“妈妈之前没有跟你说过，谁过生日谁就是寿星，他才有寿星该拥有的一切特权，我应该事先告诉你的。他有权利邀请别人跟他一起做这件事，但是我们不能喧宾夺主，那就是抢了他的权利，你过生日的时候，也不想被别人抢走这些事对吗？”

CC点点头，说：“我不应该那么做。”

“你觉得你还希望自己没做过什么吗？”我问。

“我不知道。”

“当你用那种声音，跺着脚跟妈妈说话时，我感觉你不尊重我。”

她低下头，说：“对不起，妈妈。”

“你跟我道歉之后，我感觉你尊重我了。那你觉得妈妈有做得不好的地方吗？”

“我觉得你不该那么批评我，因为我也很想点蜡烛、吹蜡烛和许愿。”

然后我们讨论了等她过生日的时候她就可以做这些事，或者如果等不及，明天我们可以假装她过生日，然后找些蜡烛来玩。

最后，CC在无限憧憬中睡着了。我知道，这才叫“过去了”。

其实做好以下这四个步骤，就能把“发脾气”时刻变成“可教导的时刻”。

1.等待情绪的平静

在谈论发生的事情之前，确保你和孩子都保持冷静。你不能在一个情绪激动的孩子面前讲道理。孩子发脾气的时候，是他的情绪脑在主导，理智脑早已“退居二线”，讲道理此时没有任何意义。对于大人也一样，当压力充斥着你的身体时，你无法进行冷静、合乎逻辑的谈话。在说什么都不对的情况下，那就先什么也别说。

2.建立肢体接触

有科学研究表明，任何爱的触摸都会触发催产素的释放，而催产素会帮助身体进入平静、放松的状态。尽量在孩子发脾气之后抱抱他，或者牵牵手。任何能够表明“即便你们之间发生了冲突，但你仍然爱他”的身体接触都可以。

3. 交流和倾听

这时候的交流一定是双向的，不是大人一味地说教、推卸责任，你也应该倾听孩子的感受。

可以问问孩子，“你对发生的事情有什么感觉”，并对他的感觉回应，让他知道你同情他的感受。

4. 表达尽量保持中立

如果你一开始就站在道德制高点准备一场“审判”，那我劝你不如直接放弃。沟通的目的是解决问题，而不是宣泄情绪，试试改变自己的语气和措辞。

用“我”来描述自己的感受。比如，当孩子说话的语气没有尊重你时，你可以说，“当你用那种语气说话时，我觉得你不尊重我”，而不是“你太无礼、太没教养了”。

只描述实际情况，避免带情绪。比如，“你跺着脚，交叉着胳膊，大喊大叫”，而不是说“你像个无赖、泼皮”。

描述事实，但是不含指责。比如，“我看见你午饭之后又打开平板电脑，我们约好了只在上午看一会儿动画片”，而不是“我不是告诉你不要玩iPad了吗，你还玩！”

每次孩子与我们发生冲突，我们的心灵上就像出现了一个小伤口。而我们复盘、沟通的过程，就像在清创。尽管会很痛、会很难，但只有这样，把委屈、伤心、失望、怨恨统统清理出去，我们的伤口才不会感染、不会留疤，我们的心灵才会依然是一片净土。

同理，这个方式也适用于夫妻关系、朋友关系。所有的悲伤都该有尽头，所有的委屈都该有出口，所有的底线都该有理由，所有孩子的眼泪都不该白流。

如果说实话总会被大吼大叫，孩子就开始说谎

有位宝妈火急火燎地留言，孩子才两岁多，就开始撒谎了。

爸爸问他今天跟妈妈去哪儿玩了，他信口开河“游乐场，玩了蹦蹦床、玩了滑梯”，可是明明只去了超市。问沙发上的画是谁画的，他张嘴就说是奶奶画的。孩子长大后会不会变成一个说谎精？

当听到孩子撒谎的时候，我们的第一反应是难以置信，第二反应便是生气。我们感到孩子偷偷摸摸，而且自己不被尊重。

CC开始撒谎的那些日子，我还专门研究过儿童说谎背后的心理学。首先，大家可以放宽心的是，孩子说谎是完全正常的。多伦多大学教授兼儿童研究所所长李康研究发现：

两岁的孩子中，已有30%会撒谎；

到了三岁，会撒谎的孩子达到50%；

四岁后，几乎所有的孩子都会撒谎了；

到七岁时，孩子甚至可以自圆其说，以至于父母通常都难以分辨真假了。

学龄前的孩子开始撒谎，无关品行，只是孩子心智发育的一个里程碑。撒谎的年龄越小，甚至还被证明心智发育越快，因为从心理理论来讲，他开始能够区分人们有不同的观点、信仰和欲望。

可是孩子为什么会撒谎？了解原因非常有帮助。

1.表达自己的愿望

对于分不清理想和现实的孩子而言，谎言是思想的一部分，他只是用来表达自己的愿望。小孩子撒谎的一个原因是他想要的东西太多了，以至于他相信它是真的！正是这种思维让学龄前儿童变得富有想象力！

就如同开篇那位妈妈说的，孩子明明没有去过游乐场，却撒谎自己去过，还玩得那么high！也有的孩子看到别的小朋友有某个玩具，撒谎说自己家里也有一模一样的。甚至有的孩子觉得自己有动画片中某个角色的超能力。

这个阶段，最重要的是不要对这些不真实的事情反应过度，要接受这是孩子表达他们想法的一种方式。

想当初CC为了让姥姥给她买糖，说从来没见过糖；为了不走路，说自己腿疼，说自己快死了，说自己中毒了……

应对策略：

虽然这种谎言并非恶意和故意，但从早期就开始教孩子了解这其中的差异很重要。我们需要帮助他学会区分幻想与现实，同时传达你重视诚实的态度。

当孩子讲述一件明明没有发生的事时，可以套用这个句式：

“我知道你很想去游乐场，但是，我们真的只是去了超市购物。”

“妈妈知道你很想要抱抱，不过，你的腿确实没问题。”

对于一些跟想象力有关的故事，甚至可以帮孩子一起守护：

“你用超能力打败恶龙真是个好故事，让我们一起写下来吧。”

2.为了取悦大人，害怕失去爱

人类是多精明的物种啊！再小的孩子也会察言观色，知道什么可以让大人开心。所以他可能会说，妈妈，今天的地是我擦的（其实是奶奶擦的）。尤其是家中有两个孩子以上的，抢功劳简直就是日常。对他来说，这并不是谎言，因为每个人都需要被认可和被爱，尤其是孩子，他不想让大人失望，他希望得到大人的欢心。

所以当你看到屋里井井有条，一脸美滋滋地问：“今天的屋子是谁收拾的啊？”

为了求表扬，他很可能会说：“是我！”

应对策略：

如果孩子因为抢功劳而撒谎，那么多半是大人的问题。回想一下，平时是不是过分看中赞美而非鼓励了？有时候赞美像是惩罚的另一面，只是为了满足成人控制或者影响孩子的一种方法。

如果我们平时总向孩子灌输，“你要如何如何，妈妈才会喜欢你”，那么孩子的很多行为就不是遵循自己的内心，而是为了讨好别人、得到别人的认可。所以，平时尽量多给孩子一些针对具体行为的鼓励，而不是笼统的赞美。

比如，“你帮妈妈叠衣服了，这就是妈妈说的帮助别人哦”，而不是说，“你真棒，真是个好孩子”。

要让孩子知道，就算说实话，也不会改变我们的爱和接纳。

3.逃避惩罚或避免陷入麻烦

逃避惩罚，这是撒谎的一个重要原因。不仅适用于学龄前儿童，也适用于成年人！

如果一个孩子知道他们说实话的后果是带来一顿羞辱、惩罚或者被大吼大叫，他们可能很难有勇气说出真相。因为，孩子不想让你失望，更不希望自己被惩罚。

当孩子小的时候，即便被你现场抓包，他还是会说谎。比如明明一地的糖纸，还说自己没吃糖。但随着年龄的增长，他们会变得更聪明，只会试图骗你看不到的东西。

等他更大一些，有了更强的社会意识时，他可能通过撒谎以避免伤害感情，可能通过撒谎以引起注意，甚至可能通过撒谎以保守某些秘密。想想那些校园欺凌甚至性侵，是很可怕的，等那个时候再想干预，恐怕就晚了。

应对策略：

如果家长的反应过于激烈或惩罚过于苛刻，那么当孩子需要帮助或者事情搞砸了时，他会觉得不太安全，于是就会撒谎。所以，当孩子犯错误或行为不端时，不要着急指责和讲道理，而是应该通过解决问题的方法，来预防这种说谎。

有专家建议回应事故或错误的正确方式：

说出一些事实和可以弥补的行为。比如，“我们这里有问题，你怎么能让它更好？”然后可以主动让孩子参与清理，或者纠正错误。

在这个过程中只描述你所看到的内容，并陈述你对弥补的期望。

比如，“CC，妈妈看到你在沙发上洒了牛奶，我希望你能帮我清理它，请去拿毛巾”。

或者，“我看你在沙发上画画了，这样别人坐上去会弄脏衣服，你来把它擦干净吧”。

在情况得到解决之后，可以与孩子讨论如何避免这种事情再次发生。

“现在牛奶被清理了，你怎么能确保不再发生这种情况？”

“以后不在沙发上喝牛奶。”

虽然在事发当下控制情绪很难，但这是可以做到的，只要告诉自己，事情已经发生了，发脾气只会更糟。不要因为已经不能挽回的事生气或不安，而要专注于如何让它变得更好。

对于习惯撒谎的孩子来说，停止说谎需要一些时间。

你第一次不对他的谎言做出责骂，他会感到惊讶。然后他会继续测试你，看看下次是否会有反应。坚持下去！最终，他会不说谎了，因为他们知道：你值得信任，他可以来找你，而不必担心受到惩罚，无论他何时做出错误决定，你都会爱他。

我们能做得最好的事情，就是教导我们的孩子：每个人都会犯错误，重要的是要承担这些错误，并在下次尝试做得更好。

4. 我们做了不正确的诱导

CC三岁以后，偶尔还会尿裤子。

某天我看到地上湿了一小片儿，我转向CC问道：“你是不是又尿裤子了？”她回答：“没有，妈妈！”然后转身就跑，而且顽固得不肯让我查看她的裤子到底有没有湿。

为什么孩子会说谎？

很明显，因为大人对这类事件表现出了不安，并专注于指责。所以，孩子们才会试图避免这种不愉快的情况。在这种情况下，我们的提问方式几乎都在引导孩子们说谎！

随便举一些例子：

“是你打碎了花瓶吗？”当时家里只有孩子一个人时，或者你亲眼看到了。

“你是不是偷吃了巧克力？我跟你说过不能再吃第二块巧克力。”当你清楚地看到孩子嘴边粘着巧克力时。

这些都是明知故问！这样做无疑会诱导孩子说谎。

你似乎是在请孩子说出那个答案——“不，我没有”。因为孩子清清楚楚地知道，坦白的下一步，并不是从宽处理。

当我们明明已经知道答案，还故意提出问题时，就等于在人为地给孩子创造一个说谎的机会。所以，很多时候孩子撒谎，是因为我们做了不正确的诱导，这最终要归结为一个信任问题。

应对策略：

不要总想着指责。只有孩子觉得我们可以对他的错误做出平静的反应，并且理解和尊重他时，他才有可能重视诚实。

另外，别总“挖坑”给娃跳。不要用已经有答案的问题检测孩子是否会骗你。对于你明知道的答案，直接说出来，而不是绕弯子。

不要指责“你骗了妈妈”，而是告诉他“你没有告诉我真相”。如果谎言违背了某种规则，那么直接让孩子承担后果就是。

“你又吃了一块巧克力对不对？我们是不是已经说好，如果今天吃两块，明天就没有了？”

如果谎言给别人带来了困扰或伤害，那么不妨直接让孩子通过某种行为来弥补错误。“妈妈看到你打碎了花瓶，现在请你跟我一起收拾。”这样可以帮助阻止权力斗争，让孩子通过专注于行动弥补过错，而不是通过捏造借口来挽回面子。

永远不要怕年幼的孩子犯错误，应当允许他在年幼的时候尽可能多地犯错误。因为只有这样，我们才有机会帮助和指导他们如何面对以及修复错误。当他们的年龄到了走向社会的时候，他们才有能力去应对错误和问题。孩子的任何一个不良行为，细查，背后都有因；干预，最后都有果。不要怕，也不要烦。

父母的责备式关心，是以爱的名义去伤害孩子

某日临睡前，我照常敦促CC："该睡觉了，快去刷牙。"

CC进了卫生间，半晌没出来，我只当她又在磨蹭。推门而入："快点刷，不早了！"

没想到CC正对着镜子捂着嘴巴掉眼泪。我赶紧问："怎么了？"她固执地只摇头不说话。我警惕地继续追问："那到底为什么哭？"

"我不敢说，我怕你生气。"

我一脸愕然，"妈妈保证不会生气，你可以跟我说"。

CC一边大哭一边摇头，C爸闻声也赶紧走过来。

我更加警惕地试着追问："我希望你有事可以告诉妈妈，如果需要帮助，我可以帮你；如果是做错了事，我帮你想办法解决。"

像是下了很大决心，CC张大了嘴巴，把她的牙指给我看，

说：“我的牙好疼，长了一个包，因为我没有好好刷牙。”说完“哇”的一声大哭起来。

很难描述我当时的心情，脑子里却清清楚楚地浮现出了心理咨询师赖佩霞让中国父母沉默的那场演讲里的一句话：有的父母满嘴是爱，却面目狰狞。

不得不承认，在刷牙这件事上，我确实要求严格，小时候还会哄着劝着她刷牙，CC慢慢长大，我自然期待更高，希望她更有自觉性。每当不好好刷时，我都会表现出十分不满，有时候会警告她说：“牙齿是你自己的，如果不好好刷，你的牙就会坏掉，到时候疼得你连食物都吃不了，吃不了饭你还怎么长高！”

虽然没有面目狰狞，但是想来也好不到哪儿去，“软刀子”也是刀子，划在孩子身上也疼。

看到CC这番让人心疼的表现，我跟C爸立马意识到了自身行为的不妥。我立马向CC解释：“我们平时监督你刷牙，是怕有一天你会牙疼，但你真的疼了我们也会想办法帮助你，我们都很爱你，我希望你有事可以告诉爸爸妈妈，没有什么比在你最需要帮助的时候不肯告诉我们，更让我和爸爸伤心的了。”

C爸则赶紧联系口腔科的同事，看看孩子是怎么回事。

好在没有大碍，CC以为是牙烂了才被吓到哭，其实是因为炎症导致牙龈肿了一块，过了两日，肿包就消了。这虽然是件小事，却让我忍不住反思自己的教育方式。

有些事、有些话出于爱，又囿于爱。它让我想起了大学室友的故事。

那时我们几个隔三岔五给家里打电话汇报日常状况时，她几乎从不给家里打电话。

有一回，她做兼职回校途中，不小心摔了腿，需要休养一段时间，但她怎么都不肯告诉家里。后来，腿肿得不行，半夜发烧，我们叫来了辅导员，准备送她去医院，辅导员通知了她的家人。我还记得当时她父母来寝室接她，见面第一句话便是，“这么大的人了，怎么这么不小心”。当晚，室友就在微博上发了一句话：“我从小到大接受到的关爱都是带着责备来的，所以，再大的伤痛，再多的困难，我都不会和家里说。”

有什么是比受伤都不敢告诉家里更不幸的呢？

如今也做了母亲的我，当然明白父母爱的表达方式是不同的。但是对于那时的我们，真的只感觉到压抑，并没有感觉到关爱。或许就像现在的我责备CC不刷牙一样。

河南一名九岁男孩小楠，因为被小狗舔舐了受伤的手指，而不幸患上狂犬病，经多次抢救无效最终去世。我们都知道，狂犬病一旦确诊，便无法医治。而我们在被动物咬伤、抓伤或被动物舔舐了伤口后，都需要第一时间去打狂犬疫苗。对于一个九岁的孩子，应该知道这个常识。但是他并没有说，原因竟是害怕受到父母的责备。其实，早在事发的半年前，小楠就已经被小狗抓伤过，但当时也因为害怕被父母责备而选择隐瞒。没想到，现在却因此被夺去了生命。

可能有些人会说，就因为害怕被骂而丢掉性命，太不值当了。可如果把自己受伤或没做好的事情告诉父母，得到的是父母的挖苦、指责，那他们宁愿选择沉默或隐瞒。他们不是懦弱，只是因为身体已经受伤，而拒绝心理上再受伤害。

关于选择报喜不报忧这件事，知乎上有一位网友是这样回答的：

心理学家说过：人类最负面的情感既不是悲痛也不是愤怒，而是羞耻感。这种羞耻感是我们心里最隐秘最不愿被宣泄出去的，一般情况下，当我们感到羞耻时，会选择隐藏而不是想办法解决。

如果孩子不小心受伤或犯错时，我们采用责备式的关心，“你怎么这么不小心！早和你说过不要……”或表现出不耐烦或不高兴的情绪时，孩子就会将受伤等同于犯错，而犯错等同于羞耻，是因为自己受伤而让父母不开心，父母不喜欢这样的自己。孩子害怕责骂，更害怕父母因为自己犯错而不爱自己，所以孩子的内心是既害怕又羞耻的。孩子受伤，没有在第一时间得到爸爸妈妈的关心，反而是不理解、指责甚至是打骂，这种双倍的痛苦只会让孩子更惧怕“犯错”，受伤后更不敢告诉父母，从而更加沉默。此时的感受就像鲁迅先生所说：母爱如同湿棉袄，脱了感到冷，穿着感到难受。

1. 做会听、会说的父母

尹建莉曾说：“如果你发现孩子受伤或受委屈后，不愿意和你说，这其实是个信号，说明家长和孩子的相处出了问题。”

爱孩子是父母的本能，然而爱与会爱却是两码事。明明是关心却被我们演绎成了责备，而责备式关心总是以爱的名义去伤害。如何重获孩子的信任，让孩子敢于并愿意和自己说？我们需要做一个会听、会说的父母。

2.耐心地听孩子说

爱之深，责之切。

很多父母，责备是为了让孩子“长记性”，激励孩子进步，或避免孩子再犯同样的错误。看上去这种“责备式”的教育很有效果，因为孩子好像确实很少再出现“不小心受伤跑回家”的状况。是孩子从“马大哈”变得谨慎小心了吗？很显然不是，孩子只是学会了用说谎遮盖伤口，不让父母发现，从而获得表面的安宁。

有段时间，一位小男孩因成绩不理想，被妈妈丢在了马路上。大多数人都是当作谈资在讨论，而有位网友评论说：“希望广大父母引以为鉴，因为这种被父母遗弃的感觉会伴随孩子一生。”

黄磊曾说：“作为家长，最怕的不是孩子在外边做了什么，而是你不知道他在外边做了什么。他做什么不重要，他会不会把这件事告诉你，才最重要。”所以，请大家在因为孩子的某些事而气冲脑门的时候，先闭上我们的嘴，耐心地听孩子说。

3.学会温柔地说

其实，天底下没有父母是不爱孩子的，但有时候，关心的话在心头，说出来却变了味。

一位朋友曾给我讲过一个自己小时候的故事：

有一次，她在奶奶家不小心打碎了花瓶，当时想着赶紧收拾，结果不小心划破了手，血弄脏了奶奶的新桌布。当时奶奶一边给她找药水，一边埋怨她的不小心（新买的桌布还没用就弄脏了），批评她的不听话（都说了让你离碎玻璃远点），那种因为犯错而羞愧的心情，她现在还记忆犹新。

虽然她现在知道奶奶也是因为着急和心疼，但奶奶说的话，当时确实让她难受了好久。太多类似的行为，让她认为奶奶根本就不喜欢她，因此她与奶奶渐渐疏离。

朋友说如果奶奶当时把“都和你说了离碎玻璃远一些”“你怎么这么不小心”“流这么多血，把桌布都弄脏了，还得洗”换成“划破了手，很疼吧？上完药就好了，下次小心一点”，也不至于自己长至成年才理解并接受她的奶奶。

我们总是着急地去爱，却忘了爱的方法。

明明是想关心，说出来却硬生生地变成伤人的利刃。我们出口的话，尽量把关注点落在孩子身上，把责备换成简单直接的关心。关心的话就直接说“我担心你”；心疼的话就直接说“你受伤，妈妈会心疼”——这样不是更好吗？

4.事后弥补也很重要

如果实在改不了自己的习惯，责备了孩子，事后要及时地进行弥补。告诉孩子爸爸妈妈是爱他的、关心他的，也为自己过激的话语表示歉意。

就像CC牙疼这件事，我向她及时地表达我们对她的爱，C爸半夜紧急联系牙医，用行动让她知道，我们会无条件地帮助她，我们万分努力地给她吃定心丸，就是想补救自己不当的表达方式。

当孩子感受到父母的关心和重视，明白自己是被在乎、被爱的，父母不会因为自己犯了一些错误而嫌弃自己，他就会更愿意和父母说自己的事情了。

被父母否定打击的孩子，即使再优秀也会自卑

有位妈妈转给我一则新闻，令人痛心的同时，也让人唏嘘不已：西安一个九岁的小女孩，从15楼自己的卧室里跳楼，当场死亡。在最后的时间里，小女孩曾发语音给妈妈说：老师布置了一篇作文，要求5点交，只有25分钟了，完成不了。还提到老师要求写一页半，而她当时只写了一页零一行。小女孩说话的语气很沮丧，但妈妈只是鼓励她尽快完成。下午6点左右，两个堂妹在客厅睡着了，爷爷下楼倒垃圾，回来后敲小女孩的屋门没有回应，过了一会儿仍然没有反应，撞开门后发现，窗户开着，人不见了。

到底是什么原因，可以让一个本该天真烂漫、无忧无虑的孩子站在高楼之上，毫无恐惧地一跃而下，用结束自己生命的方式来解决眼前的一切？

在她的两封“十字遗书”中似乎能够找到答案。

“为什么我干什么都不行；

妈妈，对不起，这是我的决定。”

和遗书在一起的还有未完成的作文，她的作文文笔流畅、字迹工整，对于一个九岁的小女孩而言，这已经很难得了，但她仍然觉得自己干什么都不行。直到要以这样的方式结束生命时，也不忘记跟妈妈说“对不起”，懂事得让人心疼。

这略知一二的细节已经透露出，她其实并非自己口中的“干什么都不行”，但这样的自我否定却已经深深地印刻在她的心里，让她无法自拔，也无从寻得帮助。

实际上，这个年龄段的孩子，根本不具备自我评价的能力，他们主要是通过他人的评价来认识自己。可见这个小女孩一定是长期受到了太多的否定。

1. 自我的否定来源于父母的否定

可能有人会说，现在的孩子真矫情，说不得、打不得，动不动就自杀，完全不考虑后果。很多事情在我们成年人看来不算什么，不值一提，甚至觉得孩子是在小题大做。那恰恰是因为我们没有站在孩子的角度去看待问题。他们会因为系不上扣子而大哭一场，因为一个纸箱子坏了而大发雷霆，因为和小朋友闹别扭而气得不吃饭。

如果此时我们的反应是：

这有什么好哭的，继续学就可以了嘛！

一个破纸箱，咱家多得是，值当的吗？

多大点事啊，还不吃饭了，至于吗？

这无疑是在告诉他：

这样做不对！

这样做不行！

这样做没意义！

美国幼儿教育家莉莲·凯茨说：有些孩子在学习过程中会因为某些原因，逐渐对学习产生无能感，并因此逐渐地变得越来越不自信。

具体是什么原因呢？

莉莲·凯茨总结了三点：给孩子定过高的学习目标；过早进行知识传授；经常否定和负面暗示。

对孩子进行不符合年龄的知识传授，本身就有难度，容易让孩子产生挫败感，而此时如果父母再不停否定孩子：这么简单都做不好！怎么这么笨！久而久之孩子也就认同了这个评价：我就是笨！一旦形成自我否定，那么胆小怕事、自卑不上进也就是必然的了。

莉莲·凯茨说，这是习得性愚蠢。习得性愚蠢并不单指学习、写作业，它存在于孩子成长的方方面面，甚至很多隐性的方面你根本没有察觉：

吃饭时：怎么吃这么慢？挑食不好，不要挑三拣四的！

洗漱时：刷个牙也刷不好，又把衣服弄湿了，哪有那么多时间光给你洗衣服啊！

做饭时：别在这添麻烦了，你还小呢，弄不了，赶紧出去！

收拾时：玩具又摆一地，光知道玩不知道收拾，玩完就不知道收起来吗，要我说多少遍啊！

……

或许你没有直接说过孩子蠢、笨、没用、什么都做不好，但这些嘴边儿的话同样是在向孩子暗示，他不听话、不懂事、做不好。在孩子小的时候，父母就是他的世界，他所接触和认识到的一切事物、观点都来源于父母。父母否定孩子，就会让孩子产生自我否定。长此以往，孩子就会陷入恶性循环，他会觉得自己一无是处，没有价值，一旦遇上困难或受到刺激就很容易走向极端。

开篇那个九岁小女孩在写下“为什么我什么都干不好”之后的纵身一跃，便是这样的结果。

2.被否定的孩子，即使再优秀也会自卑

访谈节目《十三邀》有一期邀请到了姜文。令人诧异的是，旁人眼中洒脱、自信、有能力的姜文，在过去的几十年内心一直充满挫败感。当许知远问他：“生活中有没有充满失败感的时刻？”姜文坦言：“我人生最大的挫折，是父母的差评。”

姜文的母亲是一名教师，虽说教书育人、桃李满天下，却从来没有给过姜文一句肯定。

姜文考上中戏，想让妈妈高兴高兴，结果把通知书拿回家，妈妈看了一眼，直接扔旁边说：“有一盆衣服还没洗，别跟我聊这个，洗衣服去。”

他和朋友吃饭，听朋友说，给妈妈钱、给妈妈买房子，朋友的妈妈很高兴。姜文听后，也给妈妈买房子，可妈妈并没有很高兴，

还不乐意去住。

姜文多次说过母亲不爱看他演的戏，最爱看王志文演戏；他从来没有做过一件让母亲高兴的事，即使自己特别努力地去改善，也丝毫没用，始终得不到妈妈的认可。直到2017年母亲去世，他也没有等到母亲的一句肯定。

心理学家认为，自卑可以分为原生自卑和次生自卑。不当的家庭教育是导致原生自卑形成的最常见原因。

曾有一个朋友这样跟我说：她毕业的学校是985，在国外完成硕士学位，专业也很热门，毕业后的工作也得心应手、顺风顺水。可始终觉得自己很差，害怕失败，所以只有比别人更努力才不会被贴上“笨”的标签。

自卑跟一个人的年龄、阅历、成就无关，往往始于儿时，却终其一生。

多少父母以爱之名行打击否定之实，不断地强调孩子的缺点、错误，甚至与他人比较、用恶毒的话刺激他们，试图以此换来一个优秀、有主见、有能力的人。

不能吗？能，但是凤毛麟角。而大部分人最终就真的活成了父母口中的样子。

3.真正的爱是尊重与接纳

（1）改变视角、尊重孩子

尊重说难也难，说容易也容易。

举个最简单的例子：把孩子当作你的同事，你还会命令他吗？

会随便质疑或否定他吗？会摆脸色给他看吗？答案肯定是，不会！所以，不要总是站在成人视角去看待孩子，先改变你的视角，因为你的视角会影响你的想法。

（2）可以否定行为，但不要否定人格

孩子的身心还在成长期，走弯路或犯错误都是难免的。作为父母有责任和义务指出并帮助孩子去改正。但在这个过程中切记：否定行为可以，但不要否定人格。比如，孩子在外边踢球时故意冲着邻居家的玻璃窗踢；写作业时多次做错同一道题；吃饭把碗打翻了……很多家长张口就说孩子：

"你有毛病吗？故意朝别人家的窗户踢？踢坏了你赔吗？"

"简直笨到家了，这么简单的一道题错了三次，猪脑子吗？"

"这么大了一点小事也做不好，就是个废物！"

这些侮辱、讽刺、挖苦的话除了伤害和打击孩子之外，一点帮助改正的作用都没有！

我们需要做的是，以坚定的态度告诉他：这样做是不对的，后果是什么，以及有哪些方式方法能够解决这些问题。

（3）无论你怎样，爸爸妈妈都爱你

孩子犯错后，除了指正之外，还要让他感受到父母的爱是没有改变的——"我们不会因为你不听话、做错事而不喜欢或不爱你"。对于孩子而言，被否定和批评都不可怕，只有爸爸或妈妈不爱他，才会让他觉得真的可怕。

所以，每次管教CC，我都会毫不吝啬地表达我们的爱和我们的期待：

妈妈理解你不想输的心情，但打人是不可以的，你可以跺脚、大喊发泄，妈妈可以陪着你，不管你多生气，生谁的气，我们都依然爱你，不受任何影响，我会陪你直到你感觉舒服，但你不能打人。

你上课玩橡皮是不对的，所以我才会收走，妈妈这么做是希望你能认真听老师说话，快点学会老师所教的。

不要让我们的爱成为鸡肋。让孩子知道父母之爱没有附加条件，爸爸妈妈是他永远的依靠和港湾，这是养育的底线。如此，余下的附加值才有意义。父母可以为孩子遮风挡雨，可以为他们指明方向，但请让他们有机会成长为他自己。将来，他或许不会成为你想象中的那个人，但一定能活出他自己想要的样子。

父母会说话，才是帮孩子超越阶层的捷径

让孩子超越我们自身的阶层，大概是做父母的梦寐以求的事。阶层是有一定局限性的，除了靠孩子自身的天赋加努力，咱们当爹妈的还能做点啥，帮助孩子走得更高、更远？

父母收入低=孩子智商低吗？

20多年前，来自堪萨斯大学的两名儿童心理学家李斯莉（Todd Risley）和哈特（Betty Hart），对来自不同社会和经济背景的42个家庭中大人和孩子的互动情况进行研究。

从孩子九个月开始一直跟踪研究到三岁，记录了这些家庭长达数百个小时的对话互动情况。

调查显示，低收入家庭的孩子，智商普遍偏低。

李斯莉和哈特研究了这些对话记录发现：父母接受过高等教育，具有较好家庭背景的孩子，平均每小时接收2153个单词量；工

薪阶层家庭的孩子，每小时接收1251个单词量；而来自靠领取社会救济生活家庭的孩子，平均每小时只接收616个单词量。等到四岁的时候，这样的差距累计起来一共相差了3000万个单词量。

高收入家庭的父母更倾向于与孩子交谈不同的话题，鼓励他们运用自己的记忆力和想象力。父母与孩子交谈时间的多少对孩子有极大的影响，所以，那些出生在经济状况良好的家庭的孩子，一出生就在一个语言丰富、正面的环境中熏陶着。经常与父母交谈的孩子在三岁时的IQ测试分数更高。到了九岁和十岁时，他们在学校的成绩也更好。在家中受到更多关注和教育的孩子会有更高的智商；获得更多鼓励的孩子会有更佳的语言能力；获得更多关爱的孩子会有更强的记忆力。

低收入家庭的父母更倾向于说话简短而敷衍。

贫贱夫妻百事哀，低收入家庭生活的困窘与不顺，使他们没有足够的精力和愉悦的心情与孩子交流，即便交流，语言也比较消极，甚至粗鄙。这样，低收入家庭的孩子的大脑，每一天的发育都比语言丰富家庭的孩子的大脑发育落后一些。

电视机的语言环境可以代替父母吗？按理说，现代社会，让孩子接触更多语言似乎并不难实现。比如，让他们看电视、听有声读物。但遗憾的是，无论内容多么具有教育意义，都不会起到父母与孩子交谈同样的作用。人类之所以会产生出语言，就是为了与别人连接、互动。而电视节目是单向的，不产生互动，没有互动的语言对孩子大脑的发展作用很有限。

在另一个研究中，就说明了这点。

研究人员对来自英语家庭九个月大的婴儿进行测试。他们让其中一部分婴儿与说地道中文的导师进行互动，这些导师和他们做游戏和给他们念书。而另一部分婴儿则通过录像观看同样的中文导师。还有一部分婴儿只通过录音收听。

经过12个月后，研究人员观察他们对辨别中文相似语音的能力。结果，通过互动听中文的婴儿能够像当地人一样区分中文的相似读音。而另一部分婴儿，不管是通过视频还是音频听中文的都似乎没有学习到这种能力。

那么，应该怎么和孩子讲话?

1.做一个话痨妈妈

有爱的抚养一定是“唠叨的”。

只要有机会，就要与婴儿多说话，母亲温柔的细语，父亲低沉的音质，都是让孩子一生受益的财富。婴儿们生下来可能差异不大，看似什么都不懂，什么都不会说。然而，你只能看到表面，却没看到他们正在迅速发育的大脑。没看到大脑中那700～1000个神经元每秒钟都在建立连接。这个连接也许适合他们学习理工科，也许适合他们攻读艺术专业，或者什么也不适合。而这些，都取决于他们三岁之前父母的教育。

2.捕捉需求，同步回应

做父母的一定要保持对婴儿愿望和需要的“敏感性”。敏感地捕捉孩子在关注什么，并给予热烈的语言回应。

比如，孩子一周岁左右蹒跚学步的时候，他会对地上的很多东西都非常感兴趣，他可能经常会捡来一根草、一个破瓶盖，甚至一个零食袋。

你可能会说："太脏了，快扔掉！"

看到没有？简短的词语，不耐烦的语气。可是你却忽略了孩子真正的需求，他只是对陌生的东西好奇，想要你告诉他那是什么。

试着换个方式，你可以说："你给妈妈捡了一个小瓶盖，这是干什么用的？盖在小瓶子上就不会漏水啦。"

即便是你真的不想让他捡"垃圾"，也可以温和地告诉他："这是谁丢在地上的垃圾啊？乱丢垃圾，环卫爷爷会好辛苦啊，我们帮忙把垃圾丢进垃圾桶吧。"

即便是更小的孩子，当你发现他一直盯着窗外摇晃的树叶咯咯笑的时候，你也可以告诉他："孩子，这是绿色的大树，风在吹，树叶在动呢。"

3.有效沟通，丰富互动

语言的交流除了词汇，语气也是非常重要的一部分。

友好的对话是一种互动，用鼓励孩子对你做出反应的方式与他们沟通，这样才有利于他大脑发展，因为他要思考，思考的时候神经元连接就建立起来了。

一次带CC去动物园，刚好听到非常典型的两段对话，大家感受一下。

反面教材对话：

“爸爸，快看小猴子出来了！”

“嗯。”

“小猴子在吃管理员扔的香蕉！”

“是啊！”

“小猴子为什么会剥香蕉呢？”

“哪有那么多为什么，它就是会！”

“大象也爱吃香蕉，它为什么不会自己剥？”

“我哪知道！”

类似这样以不愉快而告终的对话一定不在少数，可能是父亲当时心情不好，也可能他生性如此，但是缺少一定的文化修养更是一个重要的原因。

正面教材对话：

“爸爸，小猩猩出来了！”

“对，它荡着秋千闪亮登场了！”

“它还会剥花生，像我们人类一样！”

“是啊，黑猩猩是除了我们人类之外智力水平最高的动物，剥花生对它们来说小菜一碟！”

“为什么我们比猩猩还聪明了一点点呢？聪明了哪一点点呢？”

“这个问题爸爸现在答不上来，我们回家去翻资料好吗？爸爸帮你查为什么人类的进化超越了大猩猩，你来想想人类在哪些地方比猩猩聪明，好吗？”

“我知道，我们会说话，我们还会用手机，我们还会制造火箭……”

多么睿智的一段对话啊，包含了交流、告知和启发，而我们有理由也有信心对他们回家后的活动充满了新的期待。

4.亲子共读

也许你没有那么诗情画意，也许原本你就不善言辞，别担心，你还有一个给孩子创造丰富的语言环境最有力的工具——给孩子读书。你可能会觉得孩子听不懂，但真的没关系，他的大脑一直在记录。

如果说陪伴才是最好的爱，那这篇文章就是这句话最好的科学依据。我想这也是为什么现在很多职场妈妈甘愿放弃自己的事业，选择在孩子年幼时陪伴在他们身边的原因。

前段时间在火车站看见一个农民工打扮的中年男人，背着大包小包带孩子赶火车，孩子也许不常坐火车，他问父亲，为什么会有“哐嘁哐嘁”的声音？这时背着沉甸甸大背包的父亲蹲下来轻轻搂着孩子说：“这是火车和轨道摩擦的声音，你听听，就是这样哐嘁哐嘁的。”

就算家境平庸又如何，只要你内心富有，你的孩子就是世界上最幸福的人。

父母养育孩子的方式，决定着他离欺凌和性侵有多远

每次出现校园欺凌、幼儿园虐待或性侵这类新闻，老实说，我都不敢去深看，不愿去亲眼见证一个又一个孩子是如何落入魔爪的。

给CC选幼儿园的那段时间我非常焦虑，我对幼儿园的要求说高也不高，学多少知识、会多少技能都不是我最在乎的，我唯一担心的就是千万不要遇到一个虐待孩子的幼儿园老师。CC姥姥说我的担心太多余，但是作为一个妈妈，这就是我最大的顾虑。

再说句实话，那些虐待儿童、校园欺凌、性侵的事件给孩子留下的身体上的痛只是暂时的，但是心理上的阴影是会尾随孩子一生，并很有可能因此完全毁掉一个孩子的。

坏人最容易选择什么样的孩子下手，是有迹可寻的。

父母养育孩子的方式，很大程度上决定着他离欺凌和性侵有多

远。怎么养育孩子，才能最大程度地保护他免于侵害？

1. 不要一味要求孩子听话，尊重他说“不”的权利

很多人都把“听话”作为判断孩子好坏的标准，甚至进行各种教育的最终目的就是养出一个听话的孩子。家长控制孩子、让孩子听话，最容易也最常用的两个手段：一个是威逼，一个是利诱。

被长期威逼（用暴力、特权逼迫）的孩子，很容易发展为妥协性人格。常见的威逼式句式：再胡闹我就不要你了；再敢哭就揍你，越哭越揍，揍到你不哭为止。

被长期利诱（用零食、玩具作为交换筹码）的孩子，则很容易发展为讨好型人格。常见的话术：你不哭了妈妈才能给你糖；你不乱扔东西了我就给你买玩具。

这两种方式会让孩子觉得：为了避免痛苦，就得听话，听从比我强大的人；为了得到想要的东西，就得讨好，讨好比我厉害的人。孩子面对强者，为了避免更严厉的惩罚就不敢反抗。

在成长过程中，比他强大的人物会不断发生转变，由父母变为老师、变为领导，甚至变为班上最厉害的同学。如果另一个权威人物恰好是施暴者，那么就不难想象：为什么被校园欺凌或是性侵的孩子不敢反抗。因为每当这种时候，他就会自动切换为与生命之初第一个强者——“父母”相处的模式。我们不可能要求孩子在家无条件地顺从父母，出门就能有勇气拒绝另一个成年人。

2.尊重孩子的身体界限，教给他正确的表达方式

孩子尊重和爱护自己身体的第一课，是从父母那里学到的。如果从父母那里都得不到尊重，那么孩子很难学会保护自己的身体。

举个最常见的例子，几乎每个孩子都曾遇到过不想让陌生人抱的经历。某位远方亲戚来家里做客，想要亲亲或抱抱孩子，因为面子问题，你默许了。而且告诉孩子：没事儿的，叔叔是因为喜欢你啊。或者是邻居家调皮的小哥哥总是揪孩子的小辫子，你也默许了，而且告诉孩子：没事儿的，哥哥跟你闹着玩呢。

我们必须承认，这世界上不都是坏人，却也不都是好人。性侵这种事据说80%都是熟人作案。如果在自认为安全的环境中，你总是这样要求和教育孩子，那么遇到真正的坏人时，孩子能自动学会正确的反抗吗？

孩子有最天然的感受力，如果他的原始感受是身体被侵犯，而父母却说没关系，这是别人的好意或者是别人没恶意，这其实相当于变相鼓励“欺凌”。等孩子真正受欺负的时候，他甚至会想到父母的“教导”，认为这只是别人喜欢自己的一种方式，虽然这种方式让自己不舒服。

但是如果从一开始父母就尊重孩子天然的感受力，那么孩子就会很有底气。在刚开始感觉被侵犯的时候，他就会严肃地拒绝，制止更严重的欺凌发生。

那么，我们应该怎么正确地尊重孩子呢？尊重孩子的感受，从我们自己做起。

说个我们家的故事吧。CC特别不喜欢别人动她头发，从洗头到剪头再到扎辫子，从来都是“老大难”，一碰她头发就发脾气。

但CC从来没有被逼着、被强按着，号啕大哭地洗、剪、梳过头发。为了帮她洗头，我跟C爸发明了不少游戏，晓之以理，动之以情，终于让洗头不再是难事。后来CC头发留长了，每次准备给她梳小辫，她要么跑掉，要么就把我的梳子打掉。CC的画风十有八九是像疯子样的一头头发。后来我跟她讲：“头发是你自己的，妈妈给你梳起来是希望你整洁又凉快。你可以不梳，但当你不想梳的时候要有礼貌地跟我说清楚。”再遇到不想梳的时候，她会说“No，thank you”。

上了幼儿园之后，午睡完老师会给小女生们梳辫子，她见别人都梳，也开始凑热闹。我去接她的时候，有的时候头发梳着，有的时候还是散着。偶尔我也会问：“今天老师给小女生梳小辫儿啦？”她说：“是的，侯玉玉梳了，李沫沫梳了，我没有梳。”也许是当天她跟老师表达了不想梳，老师自然也不会强迫。果然，有天跟老师聊天，无意间说起梳头发。老师说有时候午睡醒来CC会跟她说：“谢谢老师，今天我不想梳小辫儿了。”

教孩子保护自己的身体，要从教他有礼有节地拒绝父母开始。当孩子不喜欢某个人触碰他身体的方式时，告诉孩子他可以拒绝，然后教给他正确的表达方式：

不想被打扰的时候，可以说：“我正在玩儿，请稍等一下。”

不想被拥抱的时候，可以说：“不用了，谢谢。”

不想被亲亲的时候，可以说："不如我们握个手吧。"

"有礼"是尊重别人，"有节"是尊重自己。

如果孩子的身体和行为影响到了别人，是一定要管教的，但如果没有，那就尽量尊重他吧。

3.学会真诚地倾听，不乱评价孩子

很多父母渴望跟孩子交流，但是一旦孩子开口，如果是好消息那自然高兴；如果有负面消息，就忍不住教育甚至批评。

什么？有人打你了？他道歉了没？你打回去没？

什么？老师今天让你罚站了？老师也是为你好，你别总是调皮捣蛋。

什么？有人跟你表白？我可跟你说，小小的年纪可不能让早恋影响学习！

孩子很聪明，久而久之，知道你专爱听好消息，他很快就学会报喜不报忧。这就是为什么很多人都不能理解，为什么长期被欺凌或性侵的孩子不会采取看上去最简单的自救方式——告诉父母。因为很多时候告诉过父母，他们不听啊，不仅不听，甚至还要被教训！聪明的父母都是先真诚地倾听，而不是急着去否定、去评价、去教育。不被随意评价的孩子会有自己的主张，也愿意把他的经历分享给你听。

不管是男孩还是女孩，得到过很多很多爱和很多很多尊重的孩子，会给自己创造安全的关系网。当然，一些基础的安全教育工

作，爸爸妈妈也是万万不能松懈的，比如，告诉孩子内衣、内裤覆盖的位置不能让陌生人摸；不要留孩子一个人在外玩耍；不能把孩子委托给不熟的人看护；等等。

愿每个孩子都能被父母温柔以待，平安成长。

当父母教养方式不一致，千万不要在孩子面前争辩出个对错

我跟C爸属于完全不同的性格，所以对待CC的教育，也常有很大的分歧。我是自由型人格，我觉得没有什么比自由更舒服。C爸是完美主义者，觉得每件事情都该条理分明、善始善终。

有天我家橱柜下方的挡板被CC一脚踢掉了，不是很好安上，最里面差一个小缝对不齐。倒腾了好几次，总是差那么一点点。

我的意见是：差不多得了，最里面的角落，哪儿都碍不着，差个小缝就差个小缝呗。

C爸却不同意，搬来工具箱，又是扳子，又是钳子，着实费了好一番工夫。

我心里想的是：为了这么个小缝，大好的时间就这么被耽误了，有这工夫干点什么不好？

C爸心里想的一定是：凑合，凑合，干什么就会凑合。

我怼回去的一定是：那你倒是说说你干的这些有意义吗？对一个破缝儿浪费的这些时间，不如躺在沙发上休养生息。

他再怼回来的一定是：哼，你就会为自己的懒惰找借口。

当然，实际上我一句话都没说，我只是在心里把这段争吵演练完了。结婚这么多年，这点觉悟还是有的，明知道改变不了对方，还瞎吵吵什么，闭嘴就是最好的反驳。所以我耐着性子蹲在他旁边，边陪聊边心猿意马，直至他修理完毕。

当然，很多看不惯我的事情，他也不会十分苛责。

比如，我拿完东西总是忘记放回原位置，他会默默帮我归纳好，累计个十次八次之后偶尔发一句牢骚：你永远不记得把东西放回原处。

他明白，即便我口头答应了要改，也只是两三天热度，根本就是本性难移，所以大部分时候他只是默默地做了。

但是，当这一切遇到CC的教育就不一样了。我们出于为孩子好的目的，谁都想坚持自己的立场，让孩子发扬自己好的那方面，摒弃对方差的那方面，谁都不愿妥协。

我不想让CC活在世俗的条条框框里，想让她活出自己的风格。所以，就想给她最大限度的自由，只要不是原则问题一一准奏。

但C爸本身就有很多的条条框框，而且还有洁癖，他希望孩子活得干干净净、条理分明，所以处处干涉。

我觉得他把孩子管得太拘束，他觉得我让孩子活得太放纵。即便是很小很小的一件事，我俩的意见也很难统一。

比如，CC起床就想吃一个冰激凌时，我会觉得OK啊，想吃就吃吧；C爸会觉得，早晨刚起床，早饭都没吃，怎么就能吃冰激凌呢？

再比如，CC想玩水，我会觉得OK啊，哪个孩子不爱玩水；C爸会觉得衣服会湿、卫生间会乱，客厅也会连带着弄得一片狼藉，除了玩水，其他的玩什么不好？（事实上玩沙子他也照样有意见。）

请问战线如何统一？

往轻了说，我们两个人的生活习性都不一致；往重了说，某些方面三观都不合。怎么答复孩子？

当着孩子的面争出个谁高谁低，要么你说服我你是对的，要么被我说服，这是大部分人会选择的方式。

但对于看热闹不嫌事儿大的娃来说，谁对谁错的意义都不大，关键是谁争赢了。反正，吃不吃这个冰激凌从来不是她说了算，谁赢了就听谁的。这种解决问题的方式，传递给孩子的重点，不是如何去解决问题，而是怎样去服从一个权威。

若是结果遂了她的意愿，蹬鼻子上脸，一副胜利者的骄傲，对失败方嗤之以鼻。若没遂她的意愿，臊眉耷眼，一副战败的样子，对胜利方愤愤不平。可是她忘了，胜利的那一方是自己的亲爹或亲妈，失败的那一方，也是啊。输的那一方，终归是在孩子面前失了尊严。可见当着孩子面争吵，从来不是明智之举。

如果父母两个人的意见南辕北辙，孩子就会混乱，而且会趋利避害钻空子，看人下菜碟。所以，有一种说法，教养必须始终统一。

因为这个观点，我们很投入地装了一阵子伪和谐。

当C爸先下令禁止CC做某些事，而我觉得不必如此，可以允许她做时，为了我们的统一大计，我不再辩论，也忍住不帮孩子争取权益。但是，这其实是压住了我自己内心的不快。所以，当他不在的时候，出于一种补偿心理，我对CC貌似更放纵了一些。当C爸不在的时候，我便睁一只眼闭一只眼，毕竟，他的“禁令”从来也不是我的标准啊。

同样，当我先批准了CC做某些事，即使违背了C爸的意愿，为了统一大计，他当时也按捺住，但不久之后，我发现他会对CC更加严厉。

夫妻之间的分歧如果不能被对方接纳，最终便会加倍地返还到孩子身上。严格的一方，觉得对方太惯孩子了，忍不住加倍严格，最终可能演变成严厉。自由的一方，觉得对方对孩子压制太重，忍不住加倍补偿，最终可能演变成溺爱和放纵。

我开始意识到事情不对头，是因为有次我带CC外出，又给她买了一个冰激凌，脱口而出嘱咐了一句：回家别告诉你爸。

我的第一想法其实是，多一事不如少一事，省得被叨叨。但是看到CC先是吃惊，然后两眼放出狡黠之光，我才明白，事情压根没这么简单。她很可能因此学会隐瞒，甚至撒谎。这真的很不好。

我这才觉悟，“教养统一”这个平静的表面下，暗涌的其实是夫妻之间的权力之争。如果本就不统一，硬用这个观念绑架彼此，其实谁都不开心。

那么犀利的问题来了，我们不能在孩子面前争辩出个对错，又不能“装”成统一的样子，那到底该怎么办呢？

其实很简单：事关原则的大问题，真诚沟通，让彼此心服口服地站在同一“战壕”。比如，公共场合不能允许孩子随便打扰别人；长辈面前不能没有礼貌；不因孩子无理取闹就跟他妥协；不能以暴制暴；不靠奖励让孩子完成某些事，诸如此类。对于原则性问题，如果双方意见不统一，就一定要掰开了、揉碎了、讲透了，两个人要发自肺腑地认可这些科学的养育原则，而不是为了统一口号而假装妥协。对于非原则性问题，我们要准确地表达自己的真实观点，然后把问题还给孩子。

“妈妈觉得你可以吃，但是爸爸觉得大早上吃冰激凌对你的肠胃不太好，我尊重爸爸的意见，你自己觉得该不该吃？”“妈妈觉得你可以玩水，但是爸爸说你会把浴室弄得到处是水，还会踩脏客厅，我觉得他说的也有道理，你想想看怎么办吧？”

着急的妈妈可能要忍不住鄙视我了：这算哪门子答案，说了等于白说啊？！

其实不是。我表达了自己的想法，没强迫自己跟C爸一致，我自己舒服了，不压抑。我尊重了C爸的意见，没强行执行自己的观点，没有直接否定甚至无视他，C爸也舒服了，不再绷着一张脸。

要不要吃冰激凌？能不能玩水？现在这些问题变成CC自己要解决的问题，得自己想办法。

后来她真的想出了很多办法。吃冰激凌的时候，见C爸不松口，妈妈不给撑腰，她有时候会让一步，对C爸说：“我只吃一口就放回去”；有时候两个人会商量先定好了吃哪个，单独放旁边，等到中午再吃。玩水的时候，看我不盲目支持，C爸也不容妥协的样子，她会主动提出，自己只在浴室玩，而且玩完会把地板上的水擦干净。

不管是哪种结局，最后靠的不是父母的权力之争，也不是孩子的撒泼耍赖，而是大家一起真诚、平等、互相尊重地解决问题。孩子学到的，不是只能在父母之争中做一个服从命令的被动接受者，而是做一个能够心平气和地跟意见不一致的一方去有效谈判的主动沟通者。只有具备了这种能力，以后处理与其他人的争执和意见不合时，孩子才能做到不卑不亢、据理力争。

我们都是有真性情的人，不是神，也正是每个家庭成员不一样的性情，才能养出一个个性生动的孩子啊！若人人都像教科书一般可以标准化处理和应对，那我们到底是在养孩子还是在生产产品？我们到底是父母还是工厂里的流水工？

夫妻两个人有时候穷尽一生都不可能改变对方，因为生了个孩子就能建立起大一统？

所有的育儿理论，目的是帮你把养孩子的过程变得更加轻松，而不是引发家庭冲突，让家人压抑。没有任何一种育儿方式，值得你为了坚持它牺牲家庭的和谐，求同存异是每个家庭的必然选择。只要你的出发点是真诚而不盲目的爱，无论孩子管得松一点还是严一点，规矩多一点还是少一点，他都能快乐长大。父母身心愉悦，家庭和谐融洽，就是最适合孩子的养育方式。

心智健全的孩子，是经历过悲伤后有自我恢复的能力

某天在商场里看到一个小男孩，在娃娃机面前抓娃娃，结果就是抓不到，然后发脾气，大哭，怎么也不肯走。抓娃娃本来就是个技术活，而且是个概率事件。他的妈妈只好承诺，去楼下超市给他买个一样的。三岁多的孩子，能明白一些事情了，所以他依然大哭："没有，楼下超市根本没有。"妈妈只好用上第二个大招——转移注意力，那妈妈给你买个小汽车怎么样？小汽车的诱惑看来足够大，孩子不闹了，跟着妈妈离开了。

如果说我们这代人小时候得到的尊重太少了，那么我们下一辈这代人，得到的"尊重"可以说是过多了。

我们宁愿转移注意力、做虚假承诺、粉饰太平，也不肯让孩子直面并经历痛苦——是的，你今天确实得不到那个娃娃了。所以，今后每次遇到抓不到娃娃的情况，孩子还是只能靠大哭发泄，最后

靠父母解救。

遗憾的是，不管哭多少次，还是没有真真正正地体验“得不到的痛苦”，接受“得不到的事实”，化解“得不到的怨气”。

CC开始也经历过抓不到就大哭的情况，我是怎么做的？其实我什么也没做，只告诉她，我们已经抓完了这次的10个硬币，没抓到，只能下次再试试。

“呜呜，妈妈下次你能给我抓一个吗？”

“妈妈也不知道能不能抓住，但下次我会更小心地抓。”

（哇——又开始大哭。）

“妈妈知道你很喜欢，没拿到很难过，但有些东西是我们花钱可以买到的，有些就是不能，我们只能下次试试看。”

后来再去那个商场，就带CC抓10块钱的，抓不到的时候，她就会主动说，“这次没抓到，下次再试试”。

有时候玩到剩最后一个硬币的时候，CC会捏着那枚游戏币围着娃娃机转很多圈，才下定决心抓哪一个；还有时候对抓娃娃没兴趣，便也不抓了。

无论如何，对满怀期待到期待落空这件事，她已经有了自己的化解方式。

一个心智健全的孩子，不是永远快乐，不经历痛苦，而是在经历过悲伤之后，有自我恢复的能力。在应对不同情绪的经历中，成长为乐观、勇敢的人。如果在这个过程中，见不得孩子哭，一味地粉饰太平，那么孩子就失去了自己成长的机会。

父母的职责也不是给孩子筑造蜜罐，而是当他深陷痛苦时，帮助他认识痛苦，接受痛苦，走出痛苦。即便有一天他走出父母的臂弯，没有人从旁安慰，他也不会觉得孤立无援，因为他已有足够的能力去应对那些残酷。

那么，父母帮助孩子的核心技术是什么？

——当下共情，事后复盘。

拆分来看就是：认识情绪—看清事实—接受结果—总结经验。

总结一下就是：承认孩子的感觉，并给情绪命名，告诉他我们知道他很难过/失落/沮丧/生气……（认识情绪）；

但我们确实得不到这个玩具（看清现实）；

如果难过，妈妈可以抱抱你，在旁边陪着你，但也仅此而已（接受结果）。

但这里还有一个问题，很多时候，事发之时并不符合共情的条件，也有的时候共情没用，给情绪贴标签、讲道理，反而会让原本趋于平静的孩子哭得更厉害。

如果当下的共情没有成功，那么接下来的事后复盘，就更不能少了（总结经验）。

举一个我家的例子吧。

每晚睡前，讲完故事关灯之后，我都会跟CC聊会儿天。尤其是某天她跟别人闹矛盾，或者我们之间有过不愉快时。

一天晚上，因为她拖延刷牙，最后没有了睡前读故事的时间，她大发脾气，其间还玩抹布，把刚换好的秋衣和睡衣全弄湿了，我当时情绪很差，便嚷了她。

最后C爸来救场，带她玩了些别的，才平静地跟我上床睡觉。

（这就属于“当下不符合共情的条件”的其中一种，因为我自己当时都不冷静。）

熄灯之后。

我先说：“对不起，妈妈今天不该大声嚷你。”

（CC“哇”的一声就哭了。）

CC：“妈妈，我发脾气的时候你还喜不喜欢我？”

我：“喜欢你，但妈妈不喜欢你无理取闹。”

CC：“你发脾气的时候，我也还是喜欢你，可我还是有一点点不喜欢你（发脾气）。”

我：“可是你刷牙太磨蹭，上床时间本来就晚了，偏偏还要在这个时候玩湿布，结果把衣服全弄湿了。”

CC哭得更厉害了，黑夜里，她紧紧地抱着我的脖子。

CC：“可是，我就是看见洗手池脏了，我想擦擦。”

我：“原来CC是想擦干净，妈妈误会你了，对不起哦。”

心中的委屈宣泄后，CC释放般地号啕大哭，然后在我轻拍的安抚中，渐渐地平息了下来。

事情当然还没结束。

我：“今天没有了故事时间，你是不是很难过？”

（CC猛地点点头，没忍住，又哭了。）

我：“那明天我们怎么才能多听故事呢？”

CC：“早点刷牙。”

我：“对，我们刷快一些，就能多看一本，这样嗖嗖地快刷（我比画了一下速度）。”

CC：“嗯，妈妈，我明天早早地就刷牙，你帮我快快地刷。”

说到这里的时候，CC的声音已经要飞起来了。即便在黑夜里，我也知道她脸上挂着的，是对明天的憧憬。

我：“妈妈以后也提前准备，还有谢谢你今天想帮妈妈洗洗手池，我们明天早上起来一起洗好不好？”

CC：“好。”

令我没想到的是，第二天早上一醒，CC就开开心心地跟我说：“妈妈，我们再说一遍我刷牙的时候用抹布洗洗手池的故事好不好？”

至此我也知道，我们算是和解了，孩子的委屈、失落，我的为难、歉疚都得以抚慰。

很多妈妈说，每次和孩子回顾事件时，他都哭得更厉害了。这是很正常的，因为这是一个“揭开伤疤见伤口”的过程。但是只有理智地复盘，才能看到自己怎么了，为什么会发脾气，下次如何避免。弄明白这些，才是孩子经历每一次负面情绪时，应该得到的成长。

在这个事件里，表面上经过C爸的安抚，CC已经平静，但是她心里的委屈和难过其实并没有释放。不然，我重复事件的时候她为什么会大哭？不然，第二天她为什么还想重复一遍？因为她也想证明，这件事已经不能引起心中波澜，伤不到她了。

所以平日里，当CC抢别人的玩具或被别人欺负后，她发脾气或我发脾气后，当晚，我一定会跟她一起复盘整件事。

一般开始的时候她都会大哭，像重新经历了一次般情绪激动，但只有再次复习和面对痛苦，她才能自己消化和排解，直到真正地看清，接受，找出对策。

大人常常觉得“我必须帮孩子解决掉这个问题，不然我就不是好父母”，有时候还会掩耳盗铃地认为帮孩子隔离了、转移了，只要眼不见痛苦就没了。其实我们只是仓促地在当下把事情解决了，却没给孩子看清事实和认识自己的机会。

那些见不得孩子哭的家长，最后怎么样了？他们最终成了孩子情绪的保姆，一直在忙着帮孩子四处灭火。同一个问题、同一种情绪，经历了数十次数百次，数年数十年，孩子依然没有从中得到经验和启示，获得自己解决问题、排解情绪的能力。而经历过的那些痛苦，也便是白白经历了。

父母最大的智慧是培养孩子幸福的能力

CC被蚊子咬了，还是两个大包！

早上奶奶发现后，心疼孙女，气得忍不住控诉："这该死的蚊子，这么早就出来祸害人，偏偏就咬我们家CC，还咬了这么大的包，太可恶了！"

没承想，CC倒是淡定得很，跟奶奶慢条斯理地解释："那是因为我的血更甜，比你们每个人都甜，更吸引蚊子。"

一句话，让奶奶忍不住笑了，心情也没之前那么烦恼。全家人一早晨因为蚊子的困扰也都烟消云散了。

语言有多大的魅力？思维方式对人的影响有多么深远？

孩子的年龄越大，越是有所体会，越能亲眼见证。

CC拔牙前后，我有过一丝顾虑，跟C爸探讨CC会不会因此心理上受到什么影响。因为我曾听CC姥姥说过，一个亲戚家上小学的女孩子因为戴牙套矫正牙齿被男同学取笑，导致越来越自卑，都不敢大大方方地开口大笑。

在网上也看过有妈妈吐槽，孩子因为牙掉了后被小朋友笑话，不肯去上学。所以，自从CC开始换牙，我跟C爸就开始有意无意地跟CC灌输：所有的小朋友都会经历换牙，有的甚至还要做牙齿矫正。有的孩子早，有的孩子晚，这都是正常的。你算是早的，你应该是你们班第一个换牙的小朋友了。

养孩子时间越久，我越会经常反思，父母真正需要传承给孩子的到底是什么？

年纪越大越发现，年轻时同一起跑线出发的一拨人，跑到中年，人生轨迹全然不同。人与人之间导致差距越来越大的一大因素，主要是思维模式的不同。这里不单指经济能力，还有幸福指数。

1. 固定思维与成长思维

为什么有的人特别有毅力，不管是学习还是做事，都有着不撞南墙不回头、不到黄河心不死的强大毅力。并不是他对自己有多狠，而是因为，在他眼中，眼前的南墙并非终点，前方的黄河也并无尽头。那么，当然还是要试着往前走一走、寻一寻。这便是看待问题、解决问题时，人与人思维模式的区别——“成长心态”和“固定心态”。

两者的区别在于对挫折、错误和意外的容忍程度：

固定心态的人，会害怕挫折、错误，觉得一旦遭遇挫折就说明自己不行。

成长心态的人，总结为一句话就是：那些打不死我的，终将让我更强大。所以他们不怕失败。

这两种思维模式放在养育孩子身上，结果尤其显著。

父母是如何影响孩子形成两种差异思维的？

很多孩子在游戏或学习的过程中遇到阻碍，都会发脾气甚至沮丧。

搭积木时：我不会搭一座桥；

学英语时：我不会念这个英文单词。

固定型思维模式是这样的：

对于一些小孩子，父母通常愿意抱以更多的宽容，来安慰孩子：没关系，你还小呢！对于一些大孩子可能就没那么友好了，尤其是当面对学习这件事时：别人都会你怎么不会？这有什么难的，不就是自然拼读吗？m–e–t——met，念出来不就完了？

但前者很容易把自己的失败归咎于外因，容易养成给失败找借口的习惯；后者只看到自己的不足，会越发自卑，觉得不如别人。

成长型思维模式是这样的：

你不是不会搭桥，你只是需要多试验几种长度的积木块；

你不是学不会这个单词，你只是需要多练习几次。

然而，成长型思维发挥作用，除了言语上的引导和鼓励，父母还需要真正地帮助孩子去感受这种思维转变带来的结果。

我们多选几种积木块试验看看：这块过短，这块过长，啊！这块刚刚好。

我们多练几次试试，可以先分解为两步，m–e–me，m–e–me，

m–e–t——met，m–e–t——met。

父母给孩子最好的鼓励，是让孩子明白：你不是“已经失败了”，你只是“暂时还没成功”。让他对解决问题永远抱有希望，也让他对自己永远抱有信心。这才是为他今后长大成人、离开父母独自生活能做的最好准备，这也是做父母的智慧。

2.积极思维与消极思维

除了培养孩子对待问题时的成长型思维方式，我们还需要教给孩子一种积极的、自我肯定的思维方式对待世界。人与人对幸福的感知差异，也是思维模式的不同。

有些人，不管身处何境都是幸福的。幸福是一种能力，只跟自己有关。或者说，只跟你看待世界、看待自己的思维方式是积极还是消极有关。

很多妈妈说：

C妈，孩子九月份要入园了，很怕孩子上幼儿园被欺负啊。

C妈，老二出生了，很怕老大被七大姑八大姨的“你妈喜欢弟弟，不喜欢你”的言论带偏了啊。

其实这些问题的核心，并不是外人，而在于孩子自己，在于你有没有培养出孩子一种自我肯定、乐观积极的思维方式。

每当说到校园欺凌，我们都会说，坏人找什么样的孩子作为欺凌对象是有迹可寻的。

你有什么样的气场，就会吸引什么样的人；你有多么强大的内心，就能震慑住多么强大的攻击。很多孩子被欺负了甚至都不敢告诉父母。为什么？因为父母不接受这样软弱的自己。

很多孩子宁可信隔壁邻居的玩笑话，也不肯直接问妈妈：是不是真的更喜欢弟弟，不喜欢自己。为什么？因为父母未曾给予他这样问的信心和勇气。

为什么戴牙套的孩子会自卑，因为他自己也是稀里糊涂地就被大人拉去戴牙套了，他也不知道为什么那么多人，单单自己就不一样了？面对取笑，自觉理亏，当然自卑。

家长如果能提前告诉孩子：“戴牙套是为了帮助你更好地矫正牙齿，等摘掉的一天，你会变得更美。妈妈给你找一些对比图，你看，他们是不是都因为矫正牙齿变得更好了？妈妈和爸爸都在期待着这一天。”相信孩子便不会惧怕和理会那些流言蜚语。

所以，永远不要吝惜你对孩子的爱、肯定和鼓励，让他知道自己永远有人爱，永远值得被爱，让他能够坦然接受任何情况下的自己。

如果你对自己足够自信，如果你的内心足够强大，那么，没有人伤害得了你。

生活中很多问题，甚至说不如意的事情，换个角度思考，便能得以释怀。

就像三月的初春，作为第一个被蚊子咬了的人，你是气急败坏地带着糟糕心情开始新的一天，还是认为自己招蚊子喜欢，笑笑随它去？

就像拔过牙的孩子，是扭捏地不敢示人，被发现后一脸被揭穿的恐慌，还是大大方方地宣布，我有了新变化，有谁想要看看？

说到底，这只是一念之间的选择。但看似随意的选择，便会影响你是否能以轻松的心态过好这一天、这一生。而这一切的前提则是，父母是否给予过孩子“敢于认同自己”的信心。在孩子还小的时候，父母尚有绝对的主动权，对结果的走向尚有把握，不遗余力地去做这件事吧！